रजनी के पल

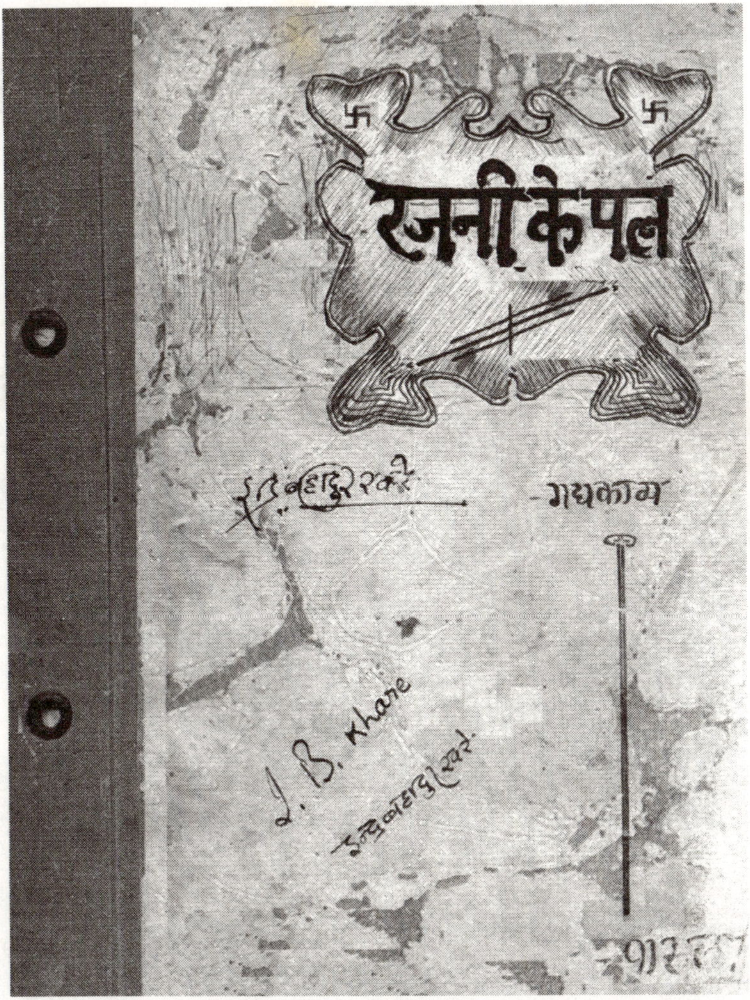

रजनी के पल
गद्य काव्य

इन्द्र बहादुर खरे

वाणी प्रकाशन

वाणी प्रकाशन
4695, 21-ए, दरियागंज, नयी दिल्ली 110 002

शाखा
अशोक राजपथ, पटना 800 004

फ़ोन: +91 11 23273167 फ़ैक्स: +91 11 23275710

www.vaniprakashan.in
vaniprakashan@gmail.com

RAJNI KE PAL
by Indra Bahadur Khare

ISBN : 978-93-5072-233-6
Poetry

प्रथम संस्करण
मूल्य : ₹ 250

ओम ऑफ़सेट, दिल्ली-110093 में मुद्रित

वाणी प्रकाशन का लोगो मक़बूल फ़िदा हुसेन की कूची से

जिस शक्ति ने मुझे वरदान दिया
जिसने मेरी लेखनी में शक्ति दी
उसी महान चिर अज्ञात–
चिर रहस्य आदि चेतन को–

रूप अमर है
इसका आकर्षण कभी शून्य में विलीन न होगा
और सृष्टि के प्रत्येक परमाणु को सौन्दर्य की बेहोशी पिलायेगा।

दो शब्द

गद्य काव्यों के बारे में क्या लिखूँ? मैं स्वयं नहीं समझ पाता। मेरे मानस में भावुकता जगाने के बाद मुझे जीवन एक पहेली प्रतीत हुआ।

यह संग्रह एक बीस वर्ष के नादान बालक का दुधमुँहा प्रयास है। गद्य काव्यों में अपनी कुछ विशेष विशेषता नहीं। जिसे मेरी आँखों ने देखा जिसका अनुभव मेरे मन ने किया उसे ठीक ज्यों का त्यों रख दिया—जीवन में गिनती के क्षण आते हैं जब साधारण व्यक्ति भी आसपास की सतह से ऊपर उठ कल्पना के महल खड़े कर लेता है—जिसके वातायन से भाव विहंगम झाँक कर उड़ जाते हैं कभी न लौटने के लिये—पर हृदय अपना रहता है—मैंने अपने भावों को शब्दों का रूप दिया—कह नहीं सकता कि ये चित्र पाठकों को कहाँ तक भाएँगे—यदि पाठक की आँखें ही इतनी सुन्दर हों जिनकी ज्योति मेरे गद्य काव्यों को उज्ज्वल बना दे तो मुझे विश्वास है कि गद्य काव्य चमकने भी लगे।

इन्द्र बहादुर खरे

(1941)

भूमिका

'रजनी के पल' कवि इन्द्र बहादुर खरे द्वारा सन् 1940-43 के मध्य रचा गया गद्य काव्य है। जिसमें कल्पना एवं दार्शनिकता पग-पग पर दिशा निर्देशित कर रही है। 70-72 वर्ष पूर्व लिखे गद्य गीत विगत तीन पीढ़ियों तक पाठकों के पास नहीं पहुँच पाये इन उलाहनों को स्वीकार करते हुए प्रकाशन में अत्यन्त विलम्ब के लिए क्षमा प्रार्थी हूँ।

आशा है कि कवि के पूर्व में प्रकाशित संग्रहों की तरह इसे पाठक अपने हृदय में स्थान देंगे तथा अपने खंजन नयनों से पल-दो-पल कवि के साथ कल्पना लोक में विचरने की कोशिश करेंगे।

अमिय रंजन

होली : 8 मार्च, 2012

अनुक्रम

रानी	13
शूल फूल	15
दुर्भाग्य	16
एक तारा	17
सागर के गान	18
दीपक क्यों बुझ गया?	19
मैं तुम्हें कभी न पा सकूँगी	20
माँ	21
मेरे गान	22
शयनागार	23
दीपक और शलभ रहस्य	24
मानव का अस्तित्व	26
अनुरोध	27
आँसू	28
कौन किससे मिलेगा?	29
खोज	30
भ्रम	32
कोकिल	33
व्याकुल	34
पूजा	35
चमेली की कली	36
हृदय	37
अपनी बात	38

विश्व (प्रणय के देश)	40
नीरव स्मृति	41
नींद	44
विरह-वेला	45
समय	46
दर्शन	47
मिलन की आस	48
महत्ता	49
शान्त हो विकल मन!	50
पत्थर बनकर मौन क्यों?	52
तिनका	53
भूल और पश्चात्ताप	54
मेरा प्यार	55
मुझे जीवन दो	56
दर्शन के बाद	57
विहंगम	59
धरती माता	60
सरसों का खेत	61
इमली की मकड़ी	62
पगध्वनि-1	63
पगध्वनि-2	64
मेरा ज्ञान	65
दो रूप	66
कहीं अभागा याद आता हो!	67
लो अब मैं बनूँ चाँदनी!	68
दो वेलाओं का संगम	69
ठूँठ और मैं	70
नासमझ मन समझाने का हम हँसकर ही देखेंगे	71
सुधि सावन के घन सी आती है!	72
एक तारिका	73
मन के पंछी	75
मन से	76

मेरे गीत	77
हृदय के भाव	78
बहेलिया	79
लू की लपट	80
मैं सुखी हूँ	81
मेरा व्यक्तित्व	82
तुम्हारी सुधि	83
प्राण	84
प्यार के रूप–तीन दशाएँ	85
जीवन का राही	86
प्रवासी	87
वहाँ तो अनजाने भी मेहमान	89
मेरे आँसू	90
हृदय!!	91
स्वप्नों को विदा कर दूँगा	92
विश्व के पार एक देश	93
मेरी बुद्धिबालिका	94
मेरे स्वप्न!	95
आगमन	96
मैं तुम्हें न देख पाया!	97
कँटीली झाड़ी	98
झरबेरी	99
पीली पत्ती	100
इच्छा का खेल	101
एक झलक!	102
भाव विहंगम	104
तुम्हारे स्वप्न रोते हैं	106
मेरे मन!	107
स्वप्नों की थाह	108
नव सृष्टि	109
दिगन्त कल्पना	110
मैं इतना प्रसन्न हूँ	111

मेरे और तुम्हारे गीत	112
सावन की साँझ	113
सपनों के श्यामल पथ में	114
प्यार की परिभाषा	115
तुम्हें क्या अपना बनाऊँ!	116
अभेद	117
मेरा जीवन	118
जीवन की साँझ	119
अन्तर के हलाहल	120
गद्य काव्य	121
मुझे अचेतन ही रहने दो!	122
खिलौना!	123
अनमने मन से मत बोलो	124
युग चरण	125
उत्सव	126
कल्पना करो न प्राण!	127
विदा वेला	128
स्वप्न और मानव	129
मन के पंछी	130
किसी की प्रतीक्षा में	131
रणी	132
कवि	135
अपूर्ण	136
आवो, मेरे स्वर में गावो!	137
मेरी आँखें	138
न्यारा जीवन	139

रानी

रजनीगन्धा रात-रानी जब उषा की गोद में अपनी अश्रुमाला का उज्ज्वल मुक्तक हार डालती है, नीरवता को भंग करती हुई किसकी 'आहें' गूँज उठती हैं? तारक बालिकाओं की मधुर हँसी सुनील गगन में मुक्त हो उड़ती देख मैं स्वप्निल स्वर की सीध में चलने लगती हूँ। उस समय विस्मृति का आवरण दूर होकर किसी कंचन वेला की याद दिलाता है जब सौभाग्य हमारे चरण चूम गया था, चाँदनी की रागिनी ने शहनाई बजाई थी, चाँदनी ने हर्ष के आँसू कुमुदिनी की ओस में बहाये थे...और ...वह कल्पनातीत छाया-चित्र नयन गोचर हो ताली बजा बजाकर नाचने लगता है।

भूले तो नहीं देव? तारों भरी रात की कोमल वेला में तुमने दर्शन दिये थे, किरणों की अनुराग भरी वेला में तुमने पुनः आगमन की प्रतिज्ञा की थी।

मैं किंकर्तव्यविमूढ़ थी। कम्पित अधर सौन्दर्य स्तुति के स्वरों में मौन थे और तुम्हारी आँखों में न जाने कहाँ से सावन-भादों झुककर घिर आये थे। तुम सजल नैनों में आँसुओं के मोती-मकरन्द पिरो रहे थे।

एक दिन आज है—निर्मम!

आज व्याकुल नयन नैश जागरण में उलझे हैं। स्वर्गगंगा की श्वेत माया बादल के काजल में सिसक रही है।

जब तारों का प्रथम संदेश धरा पर उतरता है,—अपलक निष्पंद प्यासे लोचन तुम्हारे बाट जोहते हैं असीम अन्तर होते हुए भी हम दोनों एक ही सरोवर के दो अर्द्ध विकसित अम्बुज थे, जिनकी पलकों में विश्व का वैभव भी थक जाता था—एक ही आकाश के दो चाँद थे!

हाँ तो आज उस प्रतीक्षा का न जाने कौन सा दिन है! क्षण बीते, दिवस बीते, मास बीते और वर्ष के वर्ष बीत गये!! युग भी बीत चले!! परिवर्तन के भी परिवर्तन हो चुके। मरुभूमि में फूलों का पराग फैलकर पुनः मरुभूमि की धूल बना। विश्व की मिलनातुर पलकों में स्वप्न उतरे किन्तु तुमने तो स्वप्नों से भी नाता तोड़ दिया। अगणित आशा पुष्प खिले और भँवरों का जीवन दान कर मुरझा गये। अगणित वसन्त इस जीवन में आकर लौट गये—पर्वतों के हृदय पिघलकर झरने बन बह निकले, किन्तु...तुम्हारा पाषाण-हृदय न पिघला!!!

उदास सन्ध्यानिल ने सूनी सन्ध्या तानी। रजनी का अवगुण्ठन हटाकर निद्रित विश्व को शशि मुख से देखा। सावन की रिमझिम फुहारों में, सागर के गम्भीर नर्त्तन में तुम्हें खोजा : अब ज्योत्स्ना की एक-एक किरण में तुम्हें खोज रहा हूँ किन्तु तुम तो किरण से भी कोमल हो!

मेरे भाव जगत् के राजा, मधुमिलन की कहानी के नायक—युग-युग से अरमानों की समाधि बनी बैठी हूँ।

जीवन के आन्तरिक स्रोत और ललाम प्यार दूध पानी के तुल्य एक हो जाएँगे जैसे बाल रवि की किरणें झरनें की स्वच्छन्द बूँदों में मिल जाती हैं...किन्तु अब समाधि फूटने वाली है क्योंकि अब तो उस पर सुधि भी दीप नहीं जलाती...और उसी के साथ विदा होने वाली है मेरे पुष्प चयन की वेला! मैं वियोगिन हूँ, चिर वियोगिन—पगली कहो तो अधिक उचित होगा। राह जाते बालक मुझे पत्थर मारते हैं—संसार मुझे घृणा की दृष्टि से देखता है—कुछेक तो जीवन के आलोचक बन बैठे हैं।

तुम्हीं ने यह जीवन दान दिया है, मेरे देव! अब स्वर्ग में खड़े होकर हँस रहे हो! हँसो, हँसो इतना हँसो कि तुम्हारी हँसी स्वर्ग के संकुचित क्षेत्र से फूटकर मेरे विशाल हृदय में समा जाये—

जलती हुई राख में मालती की कली फेंककर उद्दण्ड आँधी कहती है—'कितनी सुन्दर हो तुम?'

कहाँ का न्याय है देव?

जाने भी दो बीती बातों को—सूखे रंगों से कौन-सा खँडहर रंगीन होगा?

एक बात मानोगे? बोलो? मान भी जावो—बस यही इस प्रवासिनी का अन्तिम विनय है!

एक बार मेरी आत्मा में ज्ञान का आलोक जगा दो, फिर चाहे जहाँ जाकर छिप जावो!

× × × हँस लो अपनी विजय पर और मेरी पराजय पर!

शूल फूल

छवि परिचय नयनों से हुआ अश्रु-जल शिवमूर्ति के सामने उस छवि पर निसि-वासर ढलता रहा। छवि पूज्य बनी...सागर में जितनी लहरें हैं, सूर्य की जितनी किरणें हैं उतनी ही सजल और उज्ज्वल आशाओं के साथ मेरे नयन सौन्दर्य स्तुति में लीन रहे।

हृदय में प्यार की रेखाओं से चित्र बना। स्वप्न को सत्य का रूप मिला, एक जीवित सत्य जिसके प्रकाश में मेरी पलकों को आलोक मिला यौवन के फूल ने अपनी बेलें विकसित कीं। सत्य के स्वप्न ने मुझे मंत्र मुग्ध किया...किन्तु...

गगन पार करने वाले पंछी के भाँति सत्य ने पाँखें पसारीं और...प्यार के घर में रात आई, नेह के आँगन की चमेली अन्धकार में डूब गई।

कल्पना ने विजय पाई। जय की माला में पराजय की कलियाँ गुथ गईं। वैभव की बेला दूर पेड़ों की ओट में छिपते हुए सूर्य की भाँति दिखाई दी।

प्यार के हाथों में मेरा मन खिलौना है। यौवन के फूल प्यार-मूर्ति पर चढ़ते ही जीवन के शूल बन बैठते हैं, फिर भी मानव शूल को फूल से कोमल समझ अपने पर चढ़ाता है!

दुर्भाग्य

थकी-माँदी संध्या घर लौट रही है, पंछी सांध्य-गीत गा रहे हैं। नदी का कगार है और कगार पर है एक ठूँठ; हरे-भरे तोतों का दल आया और ठूँठ पर बैठ गया और मुझे लगा कि ठूँठ अब ठूँठ न होकर एक फलता-फूलता वृक्ष है।

मैंने गाना चाहा; प्रयत्न किया किन्तु वीणा? अरे इसके तो सारे तार टूट गये! फिर गान कैसा? मन मार कर रह गया कहीं मेरे कटु गान से हरा-भरा वृक्ष फिर से ठूँठ न हो जाए...!

उपहार के लिए हार लाया—लो अंगीकार करो...अरे यह है क्या? इनमें न तो परिमल है न पराग!...फिर मलिन-कुसुम का मुकुट कैसे पहिन सकोगे?

मन रो उठा और रो उठे दो नन्हे से नादान नयन! विचारों ने आँसुओं के मोती-मकरन्द पिरोना प्रारम्भ किया!

क्या भाग्य में रोना ही अंकित है? क्या मेरे अश्रु-गान ही शान्ति देंगे?

तो लो गा लूँ और कर लूँ संतप्त हृदय को शान्त! किन्तु यह क्या? आँखों में आँसू नहीं! हाय रे! दुर्भाग्य—

एक तारा

दूध नहाई, चाँदी सी रात–

अनेक तारे थे गगन में और हरेक चाँद से दूर–सहसा तारे डूबने लगे, बादल घिरने लगे...

चाँद के पास एक तारिका सरक रही थी। सोच रही थी तन-मन अर्पण करने की चन्दा पर। चाँद ने कहा...छिः-छिः यह निगोड़ी कहाँ से आ गई?

और अपना मुँह बादलों के अंचल में छिपा लिया। तारिका बेचारी रह गई अपना-सा मुँह लेकर! क्या सोचा था और क्या आया आगे–

यह है प्यार का चित्र,

प्राणों की पीर और मन की अधीरता!

सागर के गान

सागर अपना राशि-राशि रूप लहरों में उँड़ेलता है और बदले में मिलते हैं लहरों के कोमल गान! चल-स्वप्नों के समान सागर की लहरें मलयानिल के पंखों पर तैरती हैं और सागर के गान मुखरित हो उठते हैं!

तारों भरी रात की छाया सागर में गिरती है। ओ आकाश के देवता! तुम्हारे दीप जल में जल उठते हैं; लहरें परवानों का काम करती हैं...किन्तु न दीप ही बुझता है जल की शीतलता पाकर और न अन्त होता है परवानों का!

सागर की तन्द्रिल स्वप्नों में अलसाई आँखें लहरों के बहाने छलक उठती हैं और किनारे बरस पड़ती हैं या भाप का रूप धारण कर किसी अज्ञात देश में जाकर रोती हैं ताकि कोई तटवासी देखकर कहीं कोई लांछन न लगा बैठे। सागर की लहरें प्रिय तक पहुँचने वाली मलयानिल की झोली में अपने सजल गान भर देती हैं!

सागर की ज्वाला लहरों का रूप धारण करती है; नाविक-वधु पर्वताकार लहरें देख सिहर उठती हैं क्योंकि उसका पति परदेश में है!

सागर के गान!...तुमने अपना चंचल-जाल विश्व में फैला रक्खा है। क्या मेरे गीत भी तुम सुन्दर बना सकोगे?

(प्रकाशित माहेश्वरी, दिसम्बर 1943,
आगामी कल जून, 1945)

दीपक क्यों बुझ गया?

शलभ थे पागल! वे दीपक की लौ को अपने बाहु पाश में भरना चाहते थे लेकिन वे आलिंगन एवं चुम्बन में ही खो गये; दीपक का प्रकाश भी उन्हें ढूँढ़ने निकल पड़ा—

पुष्पावली व्याकुल क्यों हुई?

आखिर यह क्षण भंगुर यौवन किसका होकर रहा है? सौरभ का अपरिमित कोष जिसका था उसी के साथ गया है—

सरिता क्यों सूखी?

साधना की भी अन्तिम पराकाष्ठा है, उसकी भी सीमा होती है! नदी अनजाने काल से तो कलकला रही है, अब चल दी अपने रूठे को मनाने, वीणा के तार क्यों क्षीण हुए?

ज्ञात नहीं मेरे मोहन, विरहाग्नि एक बार भभक उठने पर तभी शान्त होती है जब हृदय को घायल कर देती है! और उस स्वर्गिक आभा को इस पागल दुनिया से क्या तात्पर्य?

मैं तुम्हें कभी न पा सकूँगी

जब विश्व लावण्यमयी अलौकिक आभा अन्तर-पट पर अंकित होती है तो मैं पागल हो उठती हूँ और भूल जाती हूँ अपने मन की सुधि।

जब यौवन-उन्मादपूर्ण नयनों की माधुरी याद आती है, मेरे नयन बन्द हो जाते हैं और मन बह जाता है विचार धारा की लोल लहरियों में—

पपीहे की 'पी कहाँ' 'पी कहाँ' सुनकर हृदय व्यथित हो जाता है और मैं पागल की भाँति 'धूल भरे अरमान लिये' अपने दूरवासी मीत को पुकार उठती हूँ—

देव, जब तुम्हारे हास्य-रंजित उषा से अधर मेरे मुख-नभ पर नाच उठते हैं तो मैं आनन्द विभोर हो उठती हूँ!

और जब कभी दर्शन सुलभ होते हैं तो वे क्षण भंगुर क्षण सौन्दर्य-पान में ही खो जाते हैं!—

माँ

कल्पना करो न माँ!

जब ऋतुराज अवनी को सौरभ से भरता और तुम माधवी-निशा बिता भोर होते ही उनींदी आँखें खोलती हो, मैं मालती का मुकुट पहिन मलयानिल में झूम उठता हूँ, क्या तुम जान पाती, ओ मेरी माँ, मैं हूँ कौन?

तुम जाती स्नान करने जाह्नवी के तट पर और जल प्रवेश करने में भय खाती हो, मैं स्वयं एक छोटी-सी लहर बन तुम्हारे चरण चूम लेता हूँ और अपनी शिशु चपलता का परिचय देता हूँ...!

रात आती है और तुम अपने हाथ से दीप-बाला सँजोती हो; मैं एक नन्हा-सा शलभ बन अपने झिलमिल पंखों के सहारे दीपक का चुम्बन कर झुलस जाता हूँ...!

किन्तु क्या तुम जानती हो कि तुम्हारा बच्चा ज्वाला से भी प्यार करता है?

घोर अन्धकारमय काजल सी रजनी में खद्योत बन बैठता छत के ऊपर!

अन्धकार में तुम मेरा ही उजियाला देख मुझे पकड़ने दौड़ती, पर मैं उसी क्षण अपनी ज्योति अँधेरे में मिला लेता हूँ–

मेरे गान

मैंने अपने गान रजनी को दान कर दिये हैं और रजनी ने मुझे युग-युग की ज्वाला दी है। वह मेरे आँसू के गान तारों में लाती है!

मैंने अपने गान पीपल की नंगी डालों में फेंक दिये हैं।

मरघट-पथ से जाते हुए मृत-पथिक को वे अपनी बात सुनाएँगे और उनका हृदय शान्ति पायेगा।

मैंने अपने गान खँडहर की टूटी-फूटी दीवारों में बसाए हैं जो दिन में सोये हुए उलूकों और चमगादड़ों को भी थपकियाँ देकर स्वप्न-लोक की परियों के दर्शन करायेंगे।

मेरे गान स्वर्गगंगा की धारा के समान दूर हैं,
मधु मक्खियों के प्यार से अधिक मीठे हैं,
रजनी गंधा के फूलों से भी कोमल हैं...
...किन्तु वेदना के पालने में झूल रहे हैं, वे प्यार की बातें क्या जानें?

शयनागार

मन्द दीपक से तारे बुझ गये और चाँदनी तो ऐसे कुम्हला गई जैसे चम्पा का फूल! उषा रानी आई अम्बर-पथ पर स्नेह-दीपक लिये—कलियाँ 'चट' 'चट' खिल गईं; भँवरा आया 'भन' 'भन' स्वर करता हुआ;

नलिनी ने रात के उनींदे नयन खोले; मधुप आया और बोला, प्रिये! क्या मैं तुम्हारे स्नेह की आशा कर सकता हूँ? पंखड़ियों ने तिरछी मुस्कान ढाल दी और सशंकित नयनों से इशारा किया। मधुप दम भर, उसके द्वार पहुँच गये! इधर-उधर देखा; गुन-गुन स्वर में नलिनी के गुन गाये और नयनों का मधु, पंकज के उर में डाल दिया।

नलिनी झुकी, बोली—"देखो मेरे आँचल में तुम्हारा ही प्यार अंकित है!" और मधुप का मन खिल गया—लगाने लगा नलिनी के आसपास चक्कर मानो वह नलिनी की सौन्दर्य-स्तुति में ही तन-मन-धन अर्पण कर रहा हो उसके गान में प्रसन्नता थी; वह आलिंगन करना चाहता था अपने उर-प्रिय को। नलिनी भी आनन्दातिरेक हो उठी। सारे दिन दोनों नाचे, दोनों ने गान गाए!

अब दिन ढल रहा था; साँझ की उदासी ने दोनों को उदास कर दिया। मधुप जाने लगे। नलिनी की वियोग-पीड़ा प्रतीत हुई, मधुप की नयनावली मौन थी; उसे डर लग रहा था।

नलिनी के पिता अंधकार देव आने ही वाले थे। मधुप बोला, "मुझे भी अपने अंचल में छिपा लो, मेरी नलिनी! नहीं तो तुम्हारे पिता मुझसे क्रुद्ध हो जायेंगे।"

नलिनी बोली, 'आओ न प्राणाधार और होने दो पूर्ण अंधकार!' मान गये रूठे प्रियतम! आज लालसा ही किस बात की थी? बैठ गये नलिनी के अंचल और हो गये बन्द एक-एक द्वार शयनागार के—

दीपक और शलभ रहस्य

दीपक में ज्वाला है और शलभ में है प्यार।

प्यार बलिदान कर अपने आप को मिटा देना शलभ का गुण है और अपनी ज्वाला में जलते रहना दीपक का।

शलभ के दल पर दल आते हैं स्नेहांजलि लाते हैं और दीपक उत्तर देता है अपने ही चरणों में उस प्यार की चिता बनाकर, प्राण झुलस जाते हैं। यही है दीपक की उदारता!

—फिर भी समाज दीपक के प्रति सहानुभूति क्यों प्रकट करता है? घर-घर में दीपक ही आदर क्यों पाता है? और शलभ को क्यों भूल जाता है? इस रहस्य की थाह पा सकोगे देव? तुम्हीं ने कहा था है समानता की दृष्टि का अभाव होना, एक को ऊपर उठाना और दूसरे को नीचे गिराना अन्याय है अन्याय...। अब मौन क्यों हो? यह अन्याय किस कोटि का है?

शायद तुम्हारे मन्दिरों में भी दीपक ही से प्रकाश होता है इसीलिए, बस इसीलिए मौन हो?

माना, तपस्या के उपरान्त ही मुक्ति का द्वार मुक्त होता है...तो क्या सदा जलते रहना ही अपने विश्व का निर्माण करना है?

और यह भी मानता हूँ कि दीपक सारी रात अंधकार से टक्कर लेता है...किन्तु वह भी प्रातः वेला में एक ही फूँक में शलभ की भाँति अपने जीवन से हाथ धो बैठता है।

फिर इतना अन्तर क्यों? दीपक और शलभ...एक ज्वाला और दूसरा आत्म-समर्पण की सजग उपासना...दूसरा विषमताओं का समूह...बस इतनी भिन्न्ता है न ठीक, है न देव?

पाप और पुण्य में अन्तर कितना है? सोमवती अमावस्या के दिन गंगाजल की अंजलि पीना अनन्त पुण्य है और वही गंगाजल मदिरा में पीना पाप...है? फूल का मन्दिर प्रतिमा पर चढ़ना पुण्य और उसी फूल का समाधि पर चढ़ना पाप?...क्या यही पाप और पुण्य की परिभाषा है?

कमजोरियों का पुतला बनाकर, दुर्बलताओं की क्रियात्मक-प्रतिमा बनाकर

मनुष्य से चाहते क्या हो देव? यही शोभा देता है मन्दिर में पत्थर बन बैठना? पत्थर भी कहीं बोला है? फिर क्या परम्परा तुड़वाने के लिए मानव से प्रार्थना तुड़वाते हो? 'मानव दुर्बल नहीं है?' अपार, अनन्त, चिन्मय शक्ति है?...क्या कहा? वह कल्पित-संसार का पुतला नहीं है? और उसकी सत्ता का स्वामी तो हमारे सम्मुख मूर्ति रूप लिये है!

वह देव है, देव! लाज न आई है कहने में? मानव ने बुद्धि पाई है किन्तु उसकी बागडोर तो तुम्हारे हाथ में है। फिर मानव की बुद्धि तुम्हारे विरुद्ध तुम तक क्यों पहुँचने लगी? और उसकी सत्ता का स्वामी तो हमारे सम्मुख मूर्ति रूप लिये है!

क्या दीपक और शलभ के रहस्य के समान ही देव, तुम्हारा रहस्य है?

(आलोक, दीपावली अंक, नवम्बर, 1947)

मानव का अस्तित्व

रजनी और ऊषारानी में आलिंगन है; स्वप्न और सत्य में चुम्बन है; अतीत और भूत में क्षणिक संधि है किन्तु जीवन और आशा में क्षण भंगुर भी मिलन नहीं!

...भोला मानव निराशा की गठरी बाँधे सारे जीवन भर पथरीले-कंकरीले पथ पर चलता है; प्यासा है किन्तु चल रहा है; थक गया है फिर भी पैर नहीं रुकते; हवा में महल बनाता है डगमग-डगमग! और भविष्य को ही अपनी आशा का सम्बल समझता है।

...परन्तु अन्त होता है शून्य में...नीरवता की झंकारों में! नीलकमल के बन्दी के समान 'मन' रुक जाता है। जीवन में नीरसता का आभास होता है। और मानव वही जीवन की कंकरीली-पथरीली पगडंडी का यात्री अपने आप से ही पूछ बैठता है, 'जीवन का आधार कहाँ? मानव का अस्तित्व कहाँ?'

सृष्टि कलाकार ने मानव को दिया है मस्तिष्क और मस्तिष्क ने मानव को प्रदान की है शंका समाधान की शक्ति!

अधीरता के पंख समेटे और उत्तर में कह दिया, 'जीवन का आधार मानव नहीं, प्रत्युत मानव है इसीलिए है जीवन!'

अनुरोध

ओ रे कवि, तनिक धीरे...धीरे!

तारे गिन गिन अभी-अभी रात बीती है...सिर को घुटनों में देकर आँखें लगी ही हैं...देखो उधर देखो...अभी दीप भी नहीं बुझा है! तनिक उस मृण्मय शलभ की ओर भी निहारो।

विरहाग्नि तो इतनी विकट है कि शशि की शीतलता और मलयानिल भी तप चुके हैं। विश्राम कर ले कवि,...स्वप्निल-जगत् में ही विचरने दे...शायद...

आज तक जीवन में न जाने कितनी बार ऋतुराज ने अवनि को सौरभ से भरा है। अगणित बार तरुवासी कोकिल ने अपनी कूक का दम भरा है; अनजाने फूल खिले हैं और मुरझाने के बाद उनकी सूखी पंखड़ियाँ हवा के साथ उन्हें खोजने निकल गई हैं...पर वह बेचारी!...वह क्या जाने? जाने भी कैसे?

तनिक धीरे गा रे गायक!

क्या लाभ होगा तुम्हारे गान से? जो जीवन-कोष के साथ स्वयं ही लुट गया हो, वह भी क्या दूसरों को लूट सकेगा?

...अब न गाओ। देखो उसकी आँखों में सावन उमड़ आता है...हृदय का मरुस्थल दिगन्त चूमने निकला आ रहा है!

क्या कभी जीवन-प्रभात में, यौवन के वसन्त में मन की कलियाँ हँसेंगी?... हँसेंगी?...शायद झूठी हँसी?

परन्तु आशा अमर है। आदिकाल से आशा के पालने में मानव के दुख-सुख झूल रहे हैं!

इसीलिए कवि ने गान...

...गायक की तान...धीरे...धी...रे!

आँसू

अभिलाषा की नीरव-भाषे! आज इतनी व्याकुल क्यों हो? तेरे पग आज इतने चंचल क्यों हो रहे हैं? पलकों की करुण-कहानी, उर की सुप्त-व्यथा! क्षण भर ठहरो न!

आज आँचल में उस विदा-वेला की दो-चार बूँदें ही शेष हैं जो कि नयनों की लाज हैं! यही मेरी असफल जीवन की स्मृति और भूलों का पश्चात्ताप हैं!

रुको...पल भर तो रुको...रे...मधुर-चुम्बन के सजल-दान, पल-पल क्यों छलक रहे हो पलकों पर? मानो भी, समाज क्या कहेगा? कहीं विश्वास न उठ जाय... दृग-दीप न गुल हो जाय और कहीं बह न जायँ आँसुओं के साथ ये दो नयन...!

उषः कालीन तारक बालिकाओं से मेरे नयनाकाश में ही छिपे रहो..., अभी गिरने की वेला ही कहाँ है?

देखो, अब ढलके तो मिट्टी में मिल जाओगे और उनके सामने उदय हुए तो अमर हो जाओगे मधु-पान कर!

...तो आँखों के खारे पानी, अतीत की कहानी, अमर नयनों के नीलम-महल की खिड़कियों से ही झाँको...!

मान भी जाओ मेरे आँसू!

कौन किससे मिलेगा?

देव!

सावन आता है और घिरते हैं नभ की आँखों में काजल से बादल! उनकी कनक रेखाओं में चंचला बिजली 'सोने का घर' बनाती है—मैं अनुमान करती हूँ कि श्याम, शायद श्यामल घन ही बनकर बरसेंगे!

आशा-कली कभी न कभी खिलती अवश्य है!

मन के मीत!

तृषित-पपीहा ग्रीष्म के चिलचिलाते हुए धू-धू करते दिन किसी प्रतीक्षा में काटता है? बाँसों का क्षुब्ध-वन निज अपनी मर्मर-साँसों से किसके गुन गाता है? दोनों की अपार तपस्या सफल होती है और एक दिन कंचन वेला आती है उनकी पिपासा शान्त करने के लिए घन पानी-पानी हो जाते हैं!

क्या इसीलिए नियति पथ पर प्रतीक्षा-पलकें बिछानी पड़ती हैं?—क्या प्रलय के दिन दर्शन सुलभ होंगे? ना, ऐसा करना, मेरे देव!

सौन्दर्य-लहरें उस दिन जल-लहरें बन जाएँगी! (सागर और सौन्दर्य की लोल-लहरियाँ एक दिल हो जाएँगी उस दिन।)

आह! रे मन! तब चारों-लोक में आनन्द बिखर जाएगा, स्वर्ग की राजकुमारी पृथ्वी के चरण चूम जाएगी!

उसी दिन, प्रिय-पथ से सिसकती हुई मन्द समीर की श्वास हिलोरों से, युग-युग से जलने वाली मरघट की ज्वाला से, उत्ताल उदधि वेला में अदृश्य सुन्दर-प्रिय से लिपटने वाली और निराशा के पाषाण से टकराकर अपने ही में विलीन होने वाली पागल लहरियों से पूछियेगा—कितनी आनन्द विभोर होंगी वे?

जब सब मिलकर एक हो जाएँगे तो कौन किससे मिलेगा? क्या फिर भी किसी की प्रतीक्षा में पलकें खुली रहेंगी?

खोज

मैं खोजता था—

माधुरी के नयनों के क्षार में और वन-प्रान्त में लीन होने वाली मर्मर में; चकोर की अन्तिम-प्रतीक्षा पलकों में और दीपक पर अनायास ही झुलस जाने वाले शलभ के चंचल परों में तथा आसमान में उड़ते हुए परिदों के दल में और पास बैठे हुए...साथी के प्यासे नयनों में—

क्योंकि मुझे आकांक्षा थी।

युग-युग से जलने वाली चिता ठंडी करने की, जर्जर प्राणों के पंजर में अटकने वाले प्राणों को मुक्त करने की।

किन्तु मन स्थिर कहाँ है?

सागर के समान मेरे हृदय में भी ज्वालामुखी धधक रहे थे; हँसते हुए फूलों में भी मेरे मन की बुलबुल रो रही थी; प्रकृति का प्यार वसन्त पाकर भी पतझर को अधीर था।

खोजा! मन भर खोजा।

पीपल से गिरते हुए पीले पत्तों में खोजा, बर्फ के पर्वतों पर गिरती हुई साँझ की किरणों में खोजा—और श्याम का रंग श्याम समझकर श्यामलाकाश भी निहारा।

किन्तु निराकार साकार कैसे होता?

ताड़ के वृक्षों से कन्नी काटकर एक नदी बह रही थी। उसके दूसरी ओर सरसों के खेत थे!

मैंने सोचा, शायद सरसों के पीले फूलों में ही पीताम्बरधारी के दर्शन हो जाएँ।

दुर्भाग्य तिमिर को चीरकर भी कभी आशा झाँकेगी?

परन्तु आह! दुर्दैव आशा-लता को कब फूलते-फलते देख सकता था?

फिर भी...उमड़ रहे थे आशा के घन

लेकर पागल जी का प्यार
तृषित-हृदय में आशा लेकर
मुझे पहुँचना था उस पार!!

फिर देखा ताड़ के वृक्ष पर एक गिद्ध दूसरे को चोंच मार रहा था। मैं भी अपनी विवशता पर झुँझला उठा।

निराशा से पीड़ित होकर मैं बोल उठा, 'अब कहाँ खोजूँ?' दूर से उड़ता हुआ पक्षियों का दल आया और क्षितिज की ओर फर से उड़ गया।

जैसे कह गया हो, 'निज में!'

भ्रम

चाँदनी ने अवगुण्ठन खोला और उसकी रूप-ज्योति से अग-जग भर गया। देवताओं के दीप नीलाम्बर में दिवाली मनाने लगे!

चंद्रिका रानी की किरणें आईं भू पर और करने लगीं बातें एक 'झर' 'झर' झरने वाले झरने से–

झरने की लहर ने किरण को आते देखा। पहले उसकी ओर चली, फिर न जाने क्यों घूँघट डाल, तिरछे नयन कर एक ओर हो गई जैसे कोई शिशु अपनी माता की गोद में छिप जाए–

और इसी प्रकार अनेक लहरें आईं कलकल स्वर से, ठहरीं 'छल छल' स्वर में और चली गईं।

फिर 'कल' 'कल' स्वर से किन्तु किरण की बीती रात की बात किसी ने नहीं सुनी–

× × ×

झरने की कगार पर लहरों से टक्कर लेने वाली एक टूटी-फूटी चट्टान थी। मैं बैठ गया, दोनों दृग-अंजलियों में अनुराग लिए और हृदय में लिए युग-युग की आकुल पिपासा! मेरी भी नयन-किरण निकलीं और 'झरने की लहर तथा चन्द्र किरण' के संगम का रहस्य खोजने लगीं; कानों ने सुना कि निर्झर अपनी निष्पाप भाषा में 'मिलन और विरह' की कहानी कह रहा था–

मन ने पूछा–कहाँ जा रहे हो पगले झरने?

वह हँसकर बोला–कहीं नहीं–तुम तो मेरे लिए आये हो न?

कौन आया–काँव-काँव-काँव-काँव–(मुझे क्या तात्पर्य, इतनी पतली वस्तु से?)

× × ×

अरे! यह क्या हुआ? मैं तो कूदा था जल में पर यहाँ तो रेत के अतिरिक्त कुछ भी...! आह!...दूर से, अँधेरा घिरने की वेला में घर लौटने वाले पंछी ने कहा–यह मानव है या जानवर! पता नहीं...

और झरना दूर, दूर बहुत चाँदी के साँप सा लहरा रहा था–

कोकिल

तू मेरी है? या प्रियाल-मंजरी की? अथवा...?

चैत की चाँदनी में कूककर मेरी पुष्प चयन की वेला बढ़ा देती है। तेरी मिश्री-वाणी मेरे हृदय में 'पी' का स्वर भर मुझे पपीहा बना देती है!

जब उषारानी प्रातःकाल की रहस्यमयी कंचन वेला में तारकों के दीप बुझाकर नीलाकाश में रोली बिखरा देती है, मलय-पर्वत से आने वाली वायु जब उनींदी कलियों की आँखों में सिन्दूरी-स्वप्न झुला देती है, आम की टेढ़ी-मेढ़ी शाखाओं में तू कूक उठती है और आम का वन सोने के रंग में डूब जाता है।

और जब काजल सी सावन-भादों की तूफ़ानी-रातें अंधकारमय गर्जनशील रथ पर चढ़ आती हैं, विरह-वेदना में लीन विरहिन घनघोर गर्जन के अंचल में कनक-चंचला देख अपने स्वामी की प्रतीक्षा करती है, क्षुब्ध मर्मर को ही प्रियपदचाप समझकर चौंक उठती तो क्या तेरी भी कूक किसी पुराने आम की खोखल कगार में छिपकर सिसकने लगती है?

कोकिल!

आज तुम मेरे आँगन के आम पर बैठी मधुमास जगा रही हो और प्राणों में भी वही जाग रहा है जो एक दिन अनायास ही मुझसे खेल गया है—

क्या बता सकोगी ऋतुपति की वाणी! कि तुम्हारे स्वरों में कौन बोल रहा है?

व्याकुल

समय है सो दिन-रजनी के पंख पसारे उड़ा ही जाता है, और मन? पेड़ के खोखल में वायु की भाँति मँडरा-मँडरा रह जाता है।

चिड़ियों के पर सी आशाएँ—मन भर उड़-उड़ कर भी शान्त नहीं होतीं; रवि शशि घूम-घूमकर रह जाते हैं; सागर भी नाचकर कगारों में आसरा लेता है—किन्तु उद्देश्य-शून्य

एक बार यौवन का दम भरने वाली आँखें देखीं। गीता का उपदेश असि की टंकारों में लीन होते देखा। अधबुझी चिताएँ और अधबुझे अरमान

× × ×

पीपल की नंगी डालों पर सूनी साँझ ने रेशमी जाली डाली।

सीपी सा मन और उसमें प्यार मोती सा। दीवाली थी उस दिन—देखा तुमने अपनी तिखते की छत पर उस दिन चौमुखी आकाश दीप जलाया है—

निशा ने विश्व की आँखों में काजल लगाया; रात आई किन्तु अब चारागाह शून्य थे उनमें मन्थरगति से बोलने वाली घंटियाँ नहीं थीं केवल तुमने दीप को उजाला दान दिया था जबकि कोने-कोने के निमित्त!

चन्दन के ठूँठ पर अमर बेल का आलिंगन है। ठूँठ को बेल से कोई सरोकार नहीं पर बेल तो जीवन पाती है, किन्तु आह! तुम तो ठूँठ न थी और न मैं अमर बेल—

बुलबुल ने गुलाब के गीत गाये। गुलाब हँस रहे थे अपनी कलियों में और बुलबुल रो रही थी अपने आँसुओं में, पर बुलबुल के आँसुओं में गुलाब की सुगंध फैल रही थी।

तुम्हारे स्पर्श-मात्र से मेरे जीवन में भी सुगन्ध आ जाती लेकिन मैं कहाँ? और कहाँ बुलबुल? एक उड़ान में गगन पार करने वाला वह है पंछी और मैं जग के बन्धन में जकड़ा हुआ असहाय मानव—

चाँदनी हँस रही थी चमेली के फूल सी बाद में आई अमावस्या और वृक्ष पूनों ही समझे खड़े रहे चन्दा की आश में—

तारागण थे सो अनगिनती! किस किस का आलिंगन करता वृक्ष?

पूजा

चाँदनी हँस ले या रो ले—पगले! तुझे करना ही क्या? सागर की लहरें तो उसे अपने आलिंगन में भरना चाहती हैं!

आशा का रहस्य धूमिल अतीत को ही अपना सम्बल बनाता है; बीते राह ही नयनों में आँसुओं की चाँदनी खिलाते हैं!

मुकुल और मधुप के मन दो होकर भी एक हैं दीपक की ज्वाला और शलभ का प्यार—दोनों से एक ही तात्पर्य निकाला जाता है। मधुशाला और हिमशाला दोनों के कपोल गुलाबी हैं और दोनों ही एक-दूसरे के चुम्बन को लालायित हैं।

जो 'उच्छ्वास' मीरा को मोहन की मुरली में थे, नलिनी को शशि में है, वही मेरी पूजा की साधना में हैं...!

और हृदय तो सांसारिक-व्यंग की थपकियाँ पर दीपक,...निष्कंप दीप-शिखा की भाँति जल रहा है...

सरिता की पागल लहरें भी कितनी भोली हैं जो कठोर पाषाण के मन में समाने की सोचने लगीं। वास्तव में प्रेम-पाश ही विचित्र है—मीरा ने पूजा की कृष्ण की, किन्तु एक भूली सी याद में,—कि मैं कृष्ण हूँ या मीरा?

किन्तु पागल मन की पूजा तो अर्थ पूर्ण है...क्योंकि कहा नहीं जा सकता कि गंगा जल धर्म का अनुयायी है या नहीं...कल मन्दिर में था आज मदिरालय में...

चमेली की कली

चमेली!

अकेली, सारे आँगन में अकेली, चैत की चाँदनी में खिल रही हो?

उस दिन तुम्हारी सारी लताएँ नंगी थीं; उनमें न फूल थे न पात!

याद हैं वे दिन जब गिद्ध का झुंड भी आँख उठाकर नहीं देखता था? भोर के दीप सी सूरत थी तेरी! और आज हृदय निकालकर बाहर रख रही हो?

अरे! यह हीरे सा हार किसके लिए सँजोया है?—आज तो तितली तेरी बलैयाँ ले रही हैं, भौरें गुनगुना रहे हैं, तभी फूली नहीं समा रही हो?

पगली कहीं की!

मेरी भी तो लोचन-कलियाँ तेरे संग खिली थीं। वे न जाने कब कर चुकीं अन्त अपने वासन्ती गान का!...किन्तु तुम ही अकेली आँगन में हँस रही हो एक अनजान बालक की भाँति!

अधिक न हँसो, नहीं तो चाँदनी नाराज़ हो जाएगी; कहेगी, 'यह अच्छी अलबेली चमेली है जो मुझसे बाज़ी मारनी चाहती है—निगोड़ी कहीं की!'

और कहीं चाँदनी सफेद गुलाब-सी मुरझा गई तो चमेली की कली! तुझे अँधेरे में पूछेगा ही कौन?

हृदय

'...हृदय...नीरव...हृदय!'

द्रौपदी के चीर की भाँति बढ़ती हुई काली रजनी के निस्तब्ध क्षणों में किसकी विरह वेदना से व्याकुल हो रहा है?

...क्षण भर तो दम ले!

...क्या तुझे ज्ञात नहीं कि जीवन-तरुवर से बँधी हुई डोर कब की टूट चुकी है? आशाओं का नन्दनवन दिगन्त तक फैले हुए मरुथल की समता करने लगा है—जीवन क्षितिज अब अंधकार के आलिंगन में लीन है!

...तनिक तो शान्त हो!

वह धूमिल अतीत का भोर आज की अंगारमय साँझ बन गया है।

जिनकी आँखें तुझे सदा ही संतोष की आँखों से देखती थीं।

जिन्हें तू अपने जीवन की नन्ही सी प्रणय कहानी सुनाकर निहाल कर देता था...।

वह...?

वह स्वप्निल लोक आज कल्पना के पालने से एक असहाय बच्चे की भाँति नीचे गिरकर आँसू पी रहा है!

हृदय...मौन...हृदय!

खारे आँसुओं से सींचा हुआ वह अमर वृक्ष आज निराशा की बिजली से टूक-टूक होकर निर्जीव पड़ा है। पतन की धूल से बातें करना सीख गया है!

आह...रे हृदय...नीरव...मूक!

अपनी बात

तपस्या के उपरान्त ठूँठ पर पहली ही कोंपल ने सिर उठाया था। क्षितिज पर प्रकाश की प्रथम ही रेखा आई थी। कमज़ोरी हो या निर्भीकता—लेकिन इच्छा अवश्य थी तपस्या का फल पाने की! मैं प्रेम चिता पर बैठा; लपटों ने मुझसे रास रचा। तीनों लोकों के नर-नारियों ने देखा। मैंने अग्नि से होली खेली किन्तु किसी का हृदय भी पिघलकर आँखों की राह निकला?

आँखें इस बात की साक्षी हैं कि हिमालय बर्फ का दुपट्टा पहिने है लेकिन हृदय नहीं; उसका कहना है कि अन्तर में युग-युग से ज्वालामुखी धधक रहे हैं!

जगत् ने दूर से देखा : मेरी कुटिया में दीपक जला है : वह क्या जानता था कि इसी दीपक से एक दिन मेरी घास फूँस की झोंपड़ी भी राख होनी थी!

जानता रहा होगा संसार मुझे किसी के क्षीण बाहुओं में...पर मैं जग की भूल पर हँसता और जग मेरा उपहास करता है!

और आज?

कौन से स्वप्न शेष हैं?—केवल यही हरी भरी आकांक्षा है कि मैं रो भी नहीं सका ...हँस भी न सका, न जाने कहाँ सूख गये सदा बहने वाले आँसू!

अब आँसुओं की धारा में ही नयन-नौकाएँ तैरा करती हैं; ऊपर बादलों में छिपा चाँद रोता है और नीचे मैं अपने चिर उदास जीवन के सोच में एक-एक आँसू गिनता हूँ। प्रातःकाल तकिया गीला हो जाता है। कौन जाने यह अश्रुमाला किसी के हृदय तक पहुँचती है या नहीं! क्यों पहुँचने लगी? सम्भव है कि यही गरम आँसू कहीं ठंडे होने के उपरान्त किसी मरुथल को सुन्दर-शाद्वल में परिणित करते हों।

फिर भी जीवन के क्षितिज पर एक स्वर्णिम रेख है जो इस अन्धकारमय पथ पर सुदूरवर्ती मंजिल के दीपक की तरह टिमटिमाती है और इस विषादमय विश्व में साहस देती है। यह प्रकाश की दुबली-पतली रेखा जीवनान्त तक जलती रहेगी। यही मृत्यु के गर्भ में जाने से रोकती है, इसी ने बना दिया है मेरे जीवन को मधुर-मंगलमय!

यद्यपि मैं जानता हूँ कि यह एक स्वप्न है परन्तु मेरे लिए स्वप्न ही स्वर्ग बन गया है! कौन जाने मृत्यु के बाद स्वप्न भी न मिले? इसीलिए जीवित हूँ...जल रहा हूँ...सुलग रहा हूँ एक गीली लकड़ी की तरह जो कि जलती भी है और जल भी नहीं

पाती। सारे अन्तर प्रदेश में धुआँ कर आँसुओं की झाँकी देखती है!

यह जीवन...यौवन...नयनों के द्वार से ही निकल जाएगा आसुओं के रूप में सदा के लिए—

'आवागमन का पर्यायवाची शब्द है संसार'—

आने वाले आये और दर्शन कर चले भी गये न जाने कब के।

किन्तु क्या...? नहीं—एक अनन्त प्राप्ति के लिए।

तुमने जीवन की गति बदल दी। अब केवल 'सुलगती आह' के दो चार अस्फुट स्वर शेष हैं। जलकर खाक हो गये सब क्षण मात्र में। अब शेष ही क्या रहा जीवन में?

मेरा सोने का महल धूल धूसरित हो गया। मेरा रुधिर पानी-पानी होकर मधु हाहाकार करता हुआ मेरी ही दृष्टि से निकला—तो मैं जान पाया अपने अन्धकारमय जीवन की विवशता और अपने करुण क्रंदन का कारण!

विश्व (प्रणय के देश)

तुम्हारे प्रणय-सागर के किनारे खड़ा हो, मैंने ज्योंही अपनी युग-युग प्यास बुझाने एक अंजलि जल पीना चाहा त्योंही—मेरे लघु हृदय में शान्ति के स्थान पर ज्वालामुखी भभक उठे!

जब दिन के वैभव की वेला डूबी और जगती के पगडण्डी पर पीपल की पीली छाया उतरी तो मैंने देखा कि उसकी डालें तो नग्न हैं किन्तु उसके वेदना के अश्रु, पीले पत्तों के रूप में धूल में सिसक रहे हैं...हँस रहे हैं!

न जाने कितनी बार दक्षिण-पवन चलेगा सूखे पत्तों में; फिर से मधुमास लाएगा अगणित स्वप्न उतरेंगे मधु-कल्लोलित संध्या के बाद चाँदनी की किरण डोरी से स्वप्न भी उतरेंगे—भोर रंगीन बादलों में सुनहला रूप झलकेगा। अनेक गान ध्वनित होंगे प्रभात की किरण-वेला में—

किन्तु अब एक भी मधु-आश्वासन नहीं है मेरी मन-कलिका में; एक भी स्वप्न नहीं है निष्पंद लोचनों में! कल्पना के अपने परिधान उतार दिये हैं!

इस तामसी रजनी में भाव-चंद्रिका डूब गई है; देह के जर्जर पंजर में एक भी आशा नहीं अटकती!...मैं अपनेपन से हार गया हूँ।

क्या मेरे शूल को फूल बना सकोगे, मेरे विश्व?

(आलोक, 30 जून, 1947)

नीरव स्मृति

समस्त विश्व का वैभव निराशा की कालिमा से पुत चुका था; भाग्य की अभेद्य दीवाल बीच में खड़ी थी।

आसंकुल जुगुनुओं के दीपों का वह धूमिल आलोक विदा माँग रहा था। क्षीण तारे अज्ञात प्रदेश की तैयारी कर रहे थे!

...दिशाएँ नीरव...प्रकृति शान्त...मेरा चिर प्रवासी हृदय अधीरता के पंख समेटे आहें भर रहा था...पलकों की झोली पसारकर शान्ति की भीख माँग रहा था।

× × ×

अभिनन्दन में उषा रानी के–

शशि-किरणें क्षितिज पार कर चुकी थीं। मैंने उनींदे नयन खोले और देखा बाहर की ओर बछड़ों के खुरों से पृथ्वी पर चंद्राकार चिह्न बन चुके थे, मानो नीलपथगामी चंद्रदेव वसुन्धरा का चुम्बन कर रहे थे। गाय के सिर पर बैठी हुई एक काली चिड़िया उसकी आँखों से कीचड़ निकाल रही थी। ग्वाला आया और सारे दिन के लिए गायें ले गया। बछड़े रँभाते ही रह गये। उनके गले की घण्टियाँ मन्थर गति से गुंजित हो रही थीं पर धूल के कारण गायें दृष्टि से दूर थीं...बहुत दूर...उनके पीछे-पीछे ग्वाले जोश के साथ देहाती राग अलाप रहे थे...

चाँदनी सी कोमल वह!
सिर पर गागर लिए खड़ी थी पनघट पर मौन...निष्पंद...।

अंशुमाली की प्रथम किरणें उसके अधरों का मधु पान कर रही थीं। सुन्दर मस्तक पर वह पीत गागर, 'धवल हिम ललाट पर उषा की कुंकमी लाली सी' सकुचा रही थी। दूर के आम के खोखल में एक चिड़िया अपने बच्चे की चोंच में पानी डाल रही थी!

फूलों की मधुशाला भ्रमरों का संगीत, तितली का नृत्य!

पुष्पलोक में हर्ष लुट रहा था : संगीत में विश्व डूब रहा था : नृत्य में सारी सृष्टि झिलमिला रही थी किन्तु मुझे मिली युग-युग के लिए मौन-उर-पीड़ा। मैंने मधुप का चुम्बन देखा और मेरा मन मयूर नाच उठा। मेरा विश्व अपनी अज्ञानता में लुटा जा

रहा था पर मैं निःशब्द था।

धीरे-धीरे छाया प्रसरित हुई।

मलय समीर ने पत्तियों की खड़खड़ाहट के बहाने किसी की आराधना की—फूलों को झूला झुलाया, मैं सिहर उठा और मेरे शब्दों की प्रतिध्वनि दूर के पर्वतों में विलीन हो, सारहीन होकर नश्वरता की ओर संकेत कर उठी।

मैं चल पड़ा...

एक छोटी-सी सरिता की लहरें उसके फूटे कगारों से लिपटकर रो रही थीं। किनारे पर नीम की जड़ उभर कर बुढ़ापा प्रकट कर रही थीं। चीलों का झुंड गगन की शून्यता चीर रहा था। तन्द्रिल उर में आशा और अभिलाषा की झाँकी लगी थी!

मिला क्या है? विरह—
हास्य क्या है? रुदन—
जीवन क्या है? मृत्यु—

कोई भी आकांक्षा नहीं, कामना भी नहीं क्योंकि कामना की चंचल लहरियाँ ही पथिक के पथ पर दल-दल बिछाकर उसे दुर्बल बना देती हैं। कामना की मृग-मरीचिका के पीछे पागल होना होता है।

यहाँ—

मैं सोच रहा था—क्षण भर ही तो ठहरा था उस पान्थशाला में! हो भी सकता है कि वह पान्थशाला न होकर मधुशाला हो—और दूर चीड़ का वन आहें भर रहा था! आम्रमंजरी के हल्दिया-अक में कोकिल कूक कर मधुमास बुला रही थी।

वहाँ—

सामने ही एक कृषक जीवन की धूप से तपकर दो जानवरों के साथ वन-मार्ग की धूल उड़ाता हुआ, सिर पर सूखी घास का गट्ठा लिए आ रहा था; उसकी कमर उसके हाथ के हँसिये की समता कर रही थी—

...उस पार के खेत कट चुके थे; खलिहान का बैल भोर से साँझ तक के चक्कर लगा रहा था जिसे देखकर मेरा भी हृदय चक्कर खा रहा था—

...बरगद की डरावनी छाया में एक पागल बैठा हुआ अपनी सड़ी-गली अँगुलियों से घिनौने शरीर की मक्खी उड़ा रहा था : लाल-लाल आँखों से अपने जीवन के घाव निहार रहा था।

× × ×

वृद्धा-इमली के अंचल से रवि का वसन खिसका। नदी के उथले जल को गाय बछड़े पार कर रहे थे कि इमली की झिलमिल छाया के नीचे पक्षियों का झुंड आया : उसने धूल में स्नान किया और अपने पंजों से धरती की छाती पर स्वर्गलिपि लिखकर 'फर' से उड़ गया।

'सोने-से दिन और चाँदी-सी रातें' आज कल्पना में उन्माद बिखेर रहे थे! अतीत की स्मृति समय की धारा में एक तिनके के समान बह रही थी।

रजनी की अवगुण्ठिका ने विश्व को ढाँक लिया! साँझ की अरुणाभ रेखाएँ अन्धकार के गाल में समा गईं!

आह! कल्पना भी कहीं सत्य हुई है?

मृण्मय प्रकाश ने चोरी से विदा ली। वह था स्वप्न, मैं था पागल नासमझ, नादान!

× × ×

पार्वत्य-प्रदेश का जीवन। नीचे सरकती हुई संध्या का पुनीत अनिल पीत आभा में डूबने वाले मल्लाहों के घर। मधुर कलरव, झरनों का अल्हड़ यौवन।

घेर खाकर जाने वाली सड़क के किनारे एक वट का वृक्ष था। उसी की छाया में बीता है मेरा बचपन! उसी वृक्ष की पूजा की है मेरी माँ ने।

निर्मम! हृदयहीन!! आह...इसी...बस इसी क्षितिज चुम्बी अरुणिमा की ओट में, अतीत की नीरव-स्मृति अपने को अपने ही में समेटती हुई सकुचा रही है, जिसने अन्तर में एक घोर...निपट घोर क्रंदनशाला खोल दी है। यहीं थी हमारी मस्ती और दीवानेपन की झाँकी...अब मेरे अरमानों की समाधि।

संध्या को हम दोनों निकलते : माँ सत्वर लौटने का आग्रह करती तो हम क्रूर सदृश हँस देते और मादकता की झोली भरे दौड़ पड़ते! सरिता-तट पर खेलते और बिखेर आते अपना स्नेह धूल में। उस पेड़ पर जो कि आज एक ठूँठ है, झूला डालते!

मैं कहता—नीना?

वह कहती—...?

...किन्तु ज्ञात किसे था,

प्रभात के रंगीन बादलों में सध्या छिपी बैठी है...मिलन में विदा का मूक निमंत्रण है!

हमारी जीवन सरिता अपने आप से हाथ धोने, सागर से समाने जा रही थी और ऐसे सागर से जिसके गर्भ में आदिकाल से ज्वालामुखी धधक रहे हैं!

ओह आज भी अतीत की शून्य वीणा पर कभी-कभी ठिठुरी अँगुलियाँ पड़ती हैं किन्तु अब उनमें इतनी शक्ति कहाँ?

आँखें बरसाती ताल सी छलछला उठती हैं।

पानी का बुलबुला था। जिस हवा के झोंके के साथ पैदा हुआ उसी के साथ मर भी मिटा।

नींद

जहाँ नींद की सुकुमार परियाँ नयनों में उतर-उतर अपने नन्हे-नन्हे सपनों में समाती हों—नभ के अंचल में चाँदनी का यौवन न समाता हो : नभ-गंगा के गान एक-एक स्वर में तारों के खिलाते हों कमल! पर उन उनींदी पुतलियों में नींद कहाँ?

वन प्रान्त की मर्मर से दूर, बहुत दूर, एक वट की स्निग्ध छाया में खड़ा-खड़ा मालती की कुंज में चाँदनी की बातें सुनूँ : मालती के प्रत्येक पटल पर लिखीं हों चाँदनी की प्रणय-कहानियाँ!

× × ×

अब कहाँ...क्षितिज के उस पार...उषा के आँगन में—कल्पना तितली के झलमल नृत्य में? नभ की श्री फूट रही है तारों के गान में, झूल रही है सुरभि की नादान आँखों में शेफाली की माला!

सुदूर-कानन में बसा है हमारा वृन्दाधाम उसी की गोद में बहता है निर्मल-निर्झर! और—निर्झर की बूँद-बूँद अंकित है राधा रानी और श्याम के दर्शन! शशि की रजत-किरणें सकुचाती हैं राधा रानी को दूसरा शशि समझकर!

कभी ऐसा भी होता है कि उनकी भ्रमर रूपी नयनावली जो मुख-कमल का मधुपान कर उड़ नहीं पाती और उस उपवन के भ्रमर आपस में 'कहा सुनी' कर बैठते हैं! कितना आनन्द फूटता है उस वेला में!

'उपवन' भी सुन्दर और उसमें खिलने वाली कलियाँ भी सुन्दर!! रासलीला होती है उन कलियों की और एक भ्रमर के अनेकों रूपों की! और मैं? मैं अपना हृदय देखता हूँ—रासलीला की एक-एक ताल में—नृत्य की एक-एक कम्पन में!

'सुमन और मधुप—मधुप और सुमन—बस!' इतने ही में विश्व का वैभव, जगती का लावण्य सीमित है! प्रसून तो हवा ही हिलकोरों में आकर हिलाते हैं सिर और मधु के लोभी लगाते हैं चक्कर और यदाकदा चंचल तितलियों का मन भी चंचल हो उठता है! मैं भी कह लेता हूँ—क्या मेरी ममता की लीला सुन्दर बना सकोगे?

विरह-वेला

प्यार की बातें वेदना के गान का निर्माण कर चुकी हैं। मिलन की वेला ने अपने स्वप्न त्याग दिये हैं!

एक पलक में नन्दन की श्री आँकने वाले मन!

अब तुम्हारे कोमल-नीड़ में भाव की चिड़ियाँ न उतरेंगी!

यह विदा-समय है! आँसुओं की कुन्तल राशि विश्व को अपने अंक में भर ले, अन्तिम-चुम्बन से निशिगंधा के फूल हँस लें!

रे मधुमय वियोग! त्रिपथगामिनी मन्दाकिनी से बहकर भी मौन रहो—कहीं तुम्हारे 'कल-कल' शब्द विश्व की आँखों का काजल न धो दें!

री विरह-वेला! मैं तुम्हें अनेक हृदय से प्यार करता हूँ क्योंकि मिलन की आशा तो है!—और संयोग समय? तुममें फिर हँसने वाली आँखें कहाँ?

जर्जर नैया ने मिलन सागर का तट छोड़ दिया है; पाल तन गया है और मैंने तुम्हारे स्वप्न ज्योतित करने के लिए अपने हृदय का दीप जला लिया है!

तुम्हें गान सुनाने के लिए मैंने सागर की लहरों में बसेरा लिया है, क्या मेरे गीतों को अपने हृदय वेला में मिला सकोगे?

समय

समय है जो दिन और रात के पंख पसारे उड़ता ही जाता
और मन? बादल सा मँडराकर रह जाता–
पंछी दल अपनी अर्थहीन भाषा में गाते हैं या रोते हें?
सागर गर्जता है या नर्त्तन करता है, सो न किसी
ने जाना है और न जान सकता है–
रवि, शशि घूम-घूम कर रह जाते हैं; मेघ भी
अपनी आँखें भरकर किनारे होते हैं–ये किसकी वीणा
की स्वर लहरी पर थिरक रहे हैं? और किस
बुलबुल के आँसू चुरा रहे हैं?
क्या कभी दो व्याकुल अधरों का संगम होगा?
दो बाँहें अनन्त तक शून्य ही रहेंगी? बादल रोते,
शबनम रोती, और सागर में रोते मोती, रो ले
तू मेरा मन, उन्मन मन–
चरागाह शून्य हो गये, निर्जन पथ पर नूपुरों
की ध्वनि से मुखरित हो गया, अंशु माली विदा के लिए
नयन नीचे कर खड़े हैं किन्तु अभी गगन की आभा
रजनी के अलकों में ही लीन है।

(जून, 1941, मथुरा)

दर्शन

जब पाँव की चपलता नयनों ने ली, तू शीघ्र ही रूपसी उषा की शर्मीली
गोद में मचल गया किन्तु उद्देश्य शून्य—!
और सूनी साँझ ने बाद अपने सुनहले अंचल के अंक में भर लिया—
सीपी सा मन, जिसमें प्यार मोती सा

जी में तो यही आया कि तेरे नयनों की चपलता उधार ले,
चन्दा से कपोलों को...और लिख लूँ अमिट पर तेरी
कुसुम केशों से बोलने वाली भाषा को
तुम्हारे स्पर्श मात्र ही से ममता की गंगा और तो और
प्रकृति भी खिलौना बन मचल जाती कि मुझे उठा लें वे—

अनिल की वीणा पर खगों ने गाया, अलियों ने बलैयाँ ली
पुष्प कुमारियों ने झूम-झूम कर नृत्य किया
मैंने भी चाहा कि तारक मालियों की
हँसी छीनकर हँस लूँ किन्तु...
चिड़ियों के पर सी इच्छाएँ मन-मन भर कर उड़कर भी
शान्त नहीं होतीं;
फिर निशा ने विश्व की आँखों में काजल
लगा दिया—रात्रि हुई—कजरारी निशानयन में दर्शन की
बिजुरिया चमक गई।

(30 मई, 1941, इतवार)

मिलन की आस

चंद्रिका रानी ने घूँघट पट खोला उसका उजाला
दिशि दिशाओं में छा गया और देव-दीप झिलमिल करने लगे।

अरमानों का इन्द्रधनुष हृदय-गगन में हँसने लगा–
मलय-समीर की मृदुल-थपकियाँ पा, झरने की लहरें
आँख मिचौनी सी खेलने लगीं और एक दूसरे पर गिरकर
आपस में ही, अपने ही रूप में विलीन होने लगीं।

बैठ गया मैं भी नन्ही सी शिला पर, दोनों दृग-अंजलियों में
अनुराग लिये; नयनों में निज मूक वाणी में किसी अदृश्य
स्नेह किरण अनुसंधान करना प्रारम्भ किया; कानों ने निर्झर
के मिलन और विरह की रातें सुनना शुरू कीं...!

क्यों निर्झर? कौन से मिलन को व्याकुल हो, हरेक बूँद
में आशा के बीज बो रहे हो? तनिक ठहर
जाओ न! मैं भी अपनी दृग प्याली 'उनके' जीवन-उपवन में बिखरा दूँ।

निर्झर पूर्ववत इठला रहा था, कलकला रहा था–
तरल उरों के उच्छ्वासों सा पागल गान
लुटा रहा था...पर मुझसे दूर...

महत्ता

जहाँ गगन की छवि का आलोक लुटता है, ताराओं की घनी पाँति जल जलकर बुझ जाती है, वहाँ मन के दीप की क्या बिसात?
चारों ओर विशाल छत से छाए हुए आकाश के नीचे अनेक सागर उमड़ते हैं, अनेक नदियाँ बहकर गिरती हैं, अनेक झरने पिघलकर लय हो जाते हैं और जिसके महान् अंचल में सारा विश्व शिशु की भाँति सपनों की नींद सोता है, वहाँ मन! तेरे आठ आँसू किस मूल्य के? तेरे सपनों का मूल्य ही क्या?
फिर भी मन तू निर्धन होकर भी धनहीन नहीं।
माला का एक मोती कम हो जाए तो माला की शोभा कैसी?
—आँसुओं की माला भी किसी सुन्दर विश्व की शोभा है और उस शोभा की पूर्णता में मेरे निर्निमेष लोचन भी अधिकार रखते हैं।—
तेरा लघु विश्व इस विशाल विश्व की क्रीड़ा है।
किन्तु बूँद-बूँद करके ही सागर बने तो बूँदों की महत्ता सागर से अधिक ही ठहरी—
भिक्षुक न हों तो दानी कहाँ?
बिना तारों का शृंगार किये भला यह चाँद कैसा लगेगा?

शान्त हो विकल मन!

शान्त हो, विकल मन शान्त!

हृदय जल रहा है किन्तु वह हृदयाग्नि आँखों की राह पानी हो क्यों निकल रही है, क्या तेरी आग पानी है?

तेरा प्रवास घुन की तरह तुझे खा रहा है : अंग का प्रत्येक भाग रोगी सा गल-गल कर गिर रहा है जिसे पागल कुत्ते भी सूँघना पसन्द नहीं करते। याद का दीपक, यद्यपि वह दीपक अब स्नेह रहित है, तेरी प्रवासावस्था का सहारा है। वह दीपक धूमिल है। धूमिल है नहीं, किन्तु तेरी हृदयाग्नि के सम्मुख वह धूमिल है जैसे सूर्य के आगे दिया।

आँखों आगे तेरी अभिलाषाओं की चिता जल रही है उफ! चिता?—किन्तु यह चिता तो तेरे हृदय में ऊँची-ऊँची लपटों से जल रही है। चिता का धुआँ तेरे गले में घुटकर तेरी वाणी को रोकता है। तेरे मधुमय बोल इसके घुमड़ते धुएँ में घुट रहे है। प्रवासी शान्त हो!

प्रवासी! साँझ है और अब चुपचाप निशा आने वाली है। उसकी नीरवता में चिता की चटचटाहट और भी खुलकर मुखरित हो उठेगी। पीपल तरुवर का मुर्दा तेरे सामने नग्न-नृत्य करेगा : बाँसी के बन से काले भूत आकर तेरी चिता में होम देंगे—प्रवासी क्या वह चित्र इन बुझी आँखों से देख सकोगे?

अर्थी की चूनर देखो—वह उड़ी जा रही है आकाश की ओर! अरे चूनर में अनेक वैभव विलास के चित्र अंकित हैं। यह क्रीड़ा का, वह नृत्य का, वह रहा गीत का! यही चूनर तुझे आकर अपने में ढँक लेगी; जब इस शव की राख तू समस्त शरीर पर रमा लेगा, तभी जग की बाधाओं से शान्ति मिलेगी। जब अस्थि फूलों की माला तेरे गले में उतरेगी, तभी विश्व की जयमाला तुझे मिलेगी।

है इतना साहस जो अपनी प्रिय चिता की यह दशा देखे? है इतनी ममता जो उस शव का आलिंगन करे? शान्त मन! चिर-विकल शान्त!

एक बार पाषाण का हृदय भी पिघलकर निर्झरों के गीत गा ले, एक बार बाँध लगाने से सरिता का जल भी लौट आये, एक बार जमीन की वायु भी आसमान से बातें कर ले, किन्तु मन! चिर-विकल—तेरे जीवन का बसन्त! ओह—वह ओठों का

विषाद कैसे धुले? क्यों कर गा सकेगा वे वह भूले राग?

यह घन अनायास ही उमड़ते हैं : क्या संदेश लाते हैं?—रजत रश्मियों में कौन सी नवीन निधि लुटती है? बस इसी प्रकार यह चिता भी विश्व की अनेक लघु चिताओं का एक अंग है। सागर में नदियाँ लय होती ही रहती हैं, किस-किस की गिनती करे सागर?

(29 दिसम्बर, 1941, कानपुर)

पत्थर बनकर मौन क्यों?

जब पत्थरों ने देवता का रूप पाया तो देव का देवत्व भी पत्थर बन गया...और पत्थर की वाणी नहीं हैं।

संगति का प्रभाव चिरस्थायी है। जल की संगति में तुम गोल बने और मानव ने कहा 'शिवमूर्ति!' कितने संकट झेले तुमने सिर पर! कितनी व्यथाएँ दीं जल ने तुम्हें! तब कहीं तुम सुन्दर बन सके हो!

सुन्दर बने तो चुप रहना सीखा; नहीं तो नदी की लहरों से, तीरस्थ फूल पत्तों से किसी न किसी भाषा में बातें अवश्य होतीं!

सुन्दर बने तो सबके पूज्य बने अन्यथा घिसते-घिसते धूल बनकर सागर की सतह में सो जाते।

हे देव! अगणित पत्थर तो विश्व के देवता बनकर मौन हुए किन्तु तुम पत्थर बनकर मौन क्यों?

क्या मेरा जन्म ही एक विरह है?—मैं तो जल से भी तरल हूँ चाहे जिस ओर बहा दो परन्तु तुमने यह जग से उल्टी रीति कहाँ से सीखी?

(29 दिसम्बर, 1941, कानपुर)

तिनका

मैं तिनका हूँ।

डूब रहा हूँ, उतरा रहा हूँ?

अथाह जल राशि मुझे अपने में भरने के लिए अपने मृत्युपाश फैला रही है।

विशालकाय जानवर, पर्वताकार जन्तु मुझे निगलने को व्याकुल हैं।

फिर भी किनारा पाने की आशा है!

नील सागर की लहरियों पर बच्चे की तरह झूल रहा हूँ; चिता से उठते हुए धुएँ में अधबुझे तिनके की तरह, मैं लहरियों पर तैर रहा हूँ।

जानता हूँ कि डूब रहा हूँ किन्तु उतराना चाहता हूँ।

मेरा ही सहारा जब डूबते जलयान की रक्षा कर सकता है तो क्या मैं अपने ही जीवन की रक्षा न कर सकूँगा?

भूल और पश्चात्ताप

मधुमास आ गया था। बाग की क्यारी-क्यारी हरे परिधान पहिनकर हवा में झूल रही थी। रंग-बिरंगे फूलों का रस चूमती हुई तितली अपने झिलमिल पंखों के सहारे आगे बढ़ रही थी कि आवाज आई, "पल भर के साथी थे? बस—भूल गये न।"

तितली ने आगे पीछे आँखें दौड़ाईं। कहीं भी कुछ नहीं। 'किसने पुकारा तितली रानी को? कभी न भूलने वाली रानी किसको भूल बैठी?'

हरी घास पर गुलाब की मुरझाई पंखड़ियाँ पड़ी थीं। वे बोलीं, 'तितली रानी ने उन्हें ही भुला दिया जिसके मुख पर दिन भर चक्कर लगाये थे!'

तितली सूखी पंखड़ियों पर उतरी और सुना, 'हम वही दुखःग्रस्त फूल हैं जो तुम्हारे यौवन की प्रथम भूल का कारण थे!'

'तुमने रोना और सूखना कब से सीखा री?'

'जब से तितली ने भूलना सीखा!' तितली शरमा गई जैसे उसने आँसुओं की भाषा से हँसना मोल लिया था।

गुलाब की पंखड़ियाँ बोलीं, 'तुमने तो कहा था कि मैं तुम्हें देख सारा दुख भूल जाती हूँ!'

'कहा होगा, अब तो वेला बीत गयी!' फिर तितली ने अपने पंखों में पंखड़ियाँ भर कहा, 'अब तो बड़ी बदल गयी है!'

'हाँ पहिले जो भूल थी, उसी का अब पश्चात्ताप है!' गुलाब की सूखी पंखड़ियाँ एक साथ बोलीं।

(27 दिसम्बर, 1941, कानपुर)

मेरा प्यार

मेरा प्यार यह महान नीरवता मुखरित करे।

जीवन के प्रत्येक पथ के किनारे बैठ मैं अपना ही प्यार प्रत्येक यात्री के पदचाप धड़कन में सुनूँ।

मेरा ही प्यार प्रत्येक यात्री का पथ आलोकित करे।
जीवन के गहन अन्धकार में,
जीवन-गिरि के झरने में,
मेरा प्यार तारा बन झलके।
जीवन-वीणा पर प्यार की मंजुल-अंगुलियाँ चलें,
जिसके स्वर मेरे जीवन की पुष्प चयन वेला बढ़ाएँ।
जीवन की निस्तब्धता में मेरा प्यार मधु हो।

(26 दिसम्बर, 1941, कानपुर)

मुझे जीवन दो

मुझे जीवन दो—
मैं जंगल के मुक्त पंछी के समान नील आँचल में मुक्त उड़ सकूँ,
या प्रवास-पथ की धूल में स्नान कर सकूँ।
मैं तटस्थ लहर के समान किसी फूटे कगार में छिप सकूँ,
या तटस्थ नील-कुसुम की पंखड़ियाँ चूम लूँ!
मुझे अधिकार दो—
मैं आँधी-पानी सा मुक्त बनूँ,
अपने ही में ज्वालामुखी और भूकम्प धधका सकूँ!
कानन की आग में उषा के दर्शन पा सकूँ,
या प्रलय की लहरों में शीतल निर्झरों के गीत सुन सकूँ!

(27 दिसम्बर, 1941, कान्नुर)

दर्शन के बाद

विश्व-पथ के किनारे पाप-पुण्यों की छाया में जीवन की धूप से मुरझाकर मैं बैठा था। पथ के सारे राही मेरी ओर देखकर जा रहे थे—भारी समय मैं सह न सका...पर वे असहनीय पल भी बीत गये।

बसंत की तारों भरी, दूध नहाई चाँदी सी रजनी आई; तुम संसार की सम्पूर्णता को जीतते हुए मेरे जीवन के द्वार खोलने आये। द्वार कड़े थे—मेरी ही विषमताओं और कमजोरियों ने उन्हें इतनी दृढ़ता से लगाया था कि तुम्हारे कोमल कर उन्हें खोल खोल कर हैरान हो गये—द्वार के पट न खुले, न खुले और न खुले—

जीवन की दूसरी ओर मैंने तुम्हारे मधुमय बोल सुने; तुम्हारे नूपुर मेरे अन्तर के तार तार में रुनझुन कर उठे; केश में लगा हुआ चमेली का फूल अपनी गंध अनमने मन से हवा में मिला रहा था। अंगराज और केसर द्वार के उस पार तुम्हारी शोभा में गंध द्विगुणित कर रहे थे!

किन्तु तुम निःसहाय थे। जीवन द्वार बन्द थे। तुम्हारी गिनती देवताओं में हो रही थी। असंख्य प्राणी तुम पर अज्ञात रूप से अपने हृदय के फूल-पत्र अर्पण कर रहे थे। उनके नीरवासी नयनों में तुम्हारी छवि सुकुमार, श्वेत, स्वच्छ चाँदनी के समान हंसनी सी तैर रही थी। लगभग यह सब अनुभव ही था क्योंकि द्वार न खुले थे।

तुम्हारी साँसों की सुरभि ने मेरे मन का फूल खिलाया—मैंने जीवन की जितनी कड़ियाँ तोड़ी उतना ही अभाव मुझमें व्याप गया—

हताश मैंने कड़ियाँ तोड़ ही डालीं; पैरों को सहलाती, लड़खड़ाती आगे बढ़ी और द्वार में दृढ़ता की कुल्हाड़ी मार उसे अलग किया किन्तु × × × आगे बहुत दूर रथ जा रहा था...पीछे-पीछे भीड़...और भी पीछे असहाय पंगु और अंग-भंग प्राणी।

दो-चार फूल, पूजा की थाली, बेलपत्र, सिन्दूर गीली धरती पर बिखरे थे...मैंने दौड़कर उन्हें ही चूमना चाहा पर मेरे भावों की व्याकुलता, पैरों में आने के पहले ही जीवन के द्वार फिर बन्द हो गये!

साँझ की वेला में दो तारों ने एक साथ आकाश छोड़ा और धरा से मिलने के पहिले शून्य में बुझ गये!

जीवन-द्वार अब भी बन्द हैं और भूत की भाँति अब भी काले हैं!!!

(27 दिसम्बर, 1941, कानपुर)

विहंगम

हम विहंगम हैं,

भोर होते ही सूर्य की नारंगी रश्मियाँ निर्दोष शिशु के सदृश हमारे घोंसले में प्रवेश करती हैं; हमारे पंखों को शक्ति प्रदान कर कहती हैं–'अब भीतर बैठने का समय नहीं है। यह नीला आसमान देखो खेतों के उस पार वन पर्वतों के स्वच्छंद झरने देखो–हरी घास के आँसू हमने पी लिए हैं, अब ओस कण कमल दल पर नहीं रोते हैं, बाहर निकलकर देखो जग कितना सुन्दर और व्यापक है!'

...और हम अपने पंखों की सुकुमार पतवार हिला हिलाकर मन्द मलय समीर में तैरते हैं!

आसमानी प्रकाश हमारे हृदय में ज्योति जलाता है और हम उत्तर में देते हैं मधुर संगीत! जब शीतल समीर हमारे पंखों में उन्मत्तता भरती है, हम नशे में चूर-चूर हो फूलों के वन में प्रवेश कर अपना त्योहार मनाते हैं।

ऊँचे से ऊँचे वन-पर्वत अपने सिर उठाकर हमें निहारते हैं; हम अपने यौवन को उन्मादपूर्ण नयनों से ऋतुराज के आगमन का संदेश सुनाते हैं!

अविराम गति से बहने वाली नदियाँ हमें पाने के लिए अपने विकल हाथ देकर हमें बुलाती हैं–हम और ऊँचे उड़कर दूरी के तम में छिप जाते हैं!

...ओ विहंगम! तुमने अग जग को अपना लिया है। तुम्हारे गीत विश्व के कोने-कोने में फैल रहे हैं। क्या मेरे प्यार की झंकारें भी तुम्हारे स्वर में मिलकर बोल सकेंगी?–ध्वनित हो सकेंगी।

धरती माता

कितनी सुन्दर है, तू अपरिमित सुन्दर है, धूल भरी धरती माता! तू अपनी धूल में ही अग-जग को सुन्दर बनाने वाले हीरों का निर्माण करती है।

बच्चों को प्रसन्न रखने के लिए तू अटूट एवं अथक प्रयास करती है किन्तु बच्चे भी तुझे प्रसन्न करना चाहते हैं। वे स्वयं ही माँ बनकर तुझे थपथपाकर सुलाते हैं।

माँ बनकर बच्चा बनना कहाँ से सीख आई हो?

तेरी प्रसन्नता का दान चिर-अधूरा है; मेरी रिक्त आशा भी कभी पूरी करोगी क्या? तेरा मन्द हास भी विश्व के पतन का साधन है। माँ, तू मुझसे हँसना सीख। क्योंकि मेरे हास्य से न तो जवालामुखी ही फूटते हैं और न भूकम्प की ही सम्भावना होती है!

तू युग-युग से वन विजन, सागर और पर्वतों में अपने गीत गा रही है। तेरी धूल में बच्चे महल बनाते हैं। कागज की नाव पहाड़ी प्रान्त की इठलाती नदियों में तू कैसे सुन्दर रूप से चलाती है। षोडशवर्षीय युवक और युवती वन में फूल का नन्हा सा पौधा लगाकर अपने प्यार का मानदंड स्मारक निर्मित करते हैं। पर्वतों के शिखर से फूटने वाले निर्झरों में जानवरों के झुंड पानी पीते हैं, पंछियों के दल स्नान करते हैं।

आकाश भी धरती माता के गीतों से चाँद-तारों और सूर्य-बादलों की भाषा में जगमगा कुछ बोलता रहता है।

माँ, सुना है कि तेरे सौन्दर्य-निर्माण में आँसुओं का भी भाग है, यह रहस्य कितने पानी में है?

(कान्पुर : 27-12-1941)
(प्रजा पुकार : 10 दिसम्बर, 1944)

सरसों का खेत

सरसों के खेतों पर डूबते हुए सूर्य की लालिमा गिरती है, पौष के बादलों की छाया सरसों के पौधों पर गिरती, भोर की नारंगी किरणें पीले पीलों में समाती हैं–तो मधुमक्खियाँ फूलों का रसपान करना भूल जाती हैं–

गगन पार करती हुई सारस की जोड़ी सरसों का खेत एक बार अवश्य निहारती है; साँझ को घर लौटते हुए मजदूर, पगडंडियों की धूल उड़ाकर सरसों के ही गीत गाते हैं!

पीपल के नीचे बैठा हुआ प्रवासी बुझे दीपक सी आँखें लेकर अपनी पुतलियों में सरसों का ही प्रतिबिम्ब देखता है। सरसों के रंग पर ही मोहित होकर मोहन ने पीताम्बर ओढ़ना सीखा है।

सरसों! तुम पीले हो–

मेरे जीवन की पीलिमा मुझसे निकालकर अपने में भर लो, क्या बुराई है!

अधिक पीले होकर तुम्हारे आर्कषण में चार चाँद लग जाएँगे और मेरा जीवन भी सुखी हो जाएगा!

(कानपुर : 26-12-1941)

इमली की मकड़ी

वह घटना मुझे पूर्णतया याद है।

पुराने इमली के पेड़ की नन्ही-नन्ही पत्तियों की ओट में मकड़ी ने चुन-चुनकर अपनी जाली बनायी थी।

वह जून की दोपहरी थी। शून्य था, केवल शून्य। नीले आसमान में बादलों की एकाध टुकड़ी शिथिल यान-सी तैर रही थी। मैं अकेला था।

मकड़ी अपना जाली बुन रही थी; मैं अपना।...सहसा कुछ धुँधला सा हुआ; हवा जोर से बही। आँधी के साथ अनेक कागज और फूल-पात भी उड़े...ठीक मेरी आकांक्षाओं के समान।

हवा जोर से बही—वायु का रूप विकराल हुआ, आँधी होकर इमली की धूल भी पत्तियों में घुस पड़ी। मकड़ी ने शायद यही सोचा होगा 'मुझसे ही हवा की दुश्मनी है—बड़ी दीदी का घर न जाने कब से सुरक्षित है...!' और मेरे विचारों की जाली टूट गई।

आज भी जून की दोपहरी है। मैं बरामदे में बैठा हुआ 'इमली का जाली देखना चाहता हूँ।' जून की दोपहरी है किन्तु मकड़ी का पता नहीं!

(कानपुर : 26-12-1941)

पगध्वनि-1

प्रत्येक ध्वनि पर मुखरित होने वाली वह प्रतिध्वनि मैंने भरपूर सुनी है। जबसे जीवन के पलक खुले हैं, वह प्रतिध्वनि एक रूप से सुन रहा हूँ। सुन रहा हूँ—आदि से अन्त तक वह पग ध्वनि मुखरित हो रही है।

प्रत्येक पल, दिवस, मास, वर्ष—वह प्रतिध्वनि मेरे कानों में अनवरत रूप से गूँज रही है।

अपने पागलपन में उन्मत्त होकर अनेक बार नाचा हूँ; बीते सुख-दुख की याद करके अनेक गीत गाए और मेरे हर नृत्य एवं स्वर के साथ वह प्रतिध्वनि बोल उठी है।

फागुन में आम विपिन से आने वाली 'कूक' के साथ वह प्रतिध्वनि मैंने सुनी; सावन-भादों की विद्युत ध्वनि के साथ वह प्रतिध्वनि मैंने सुनी।

दुःख के बादल हृदयाकाश पर घिरते हैं, पलकों के बिछौनों पर अश्रु की कलियाँ सजकर जब अपलक नयनों से मधुर स्पर्श की बाट जोहती हैं वह चिरपरिचित प्रतिध्वनि और भी सुरीली होकर मेरे पास आती है।

भावलोक से उतरकर स्वप्न-लोक में, स्वप्न-लोक से भागकर सत्य-लोक में वह प्रतिध्वनि अपनी छमछम अटूट रखती है—क्या मेरे भी सुख के गान भी अमिट एवं अटूट बन सकेंगे?

(कानपुर : 26-12-1941)

पगध्वनि-2

मेरे हृदय की धड़कन में अपने स्वर मिलाने वाली वह पगध्वनि मैंने अनवरत रूप से सुनी है। वह अमर ध्वनि ही मेरे जीवन का कारण बनी और उसके अन्तहीन स्वर-सागर में मैं अपनी लीला की क्षुद्र सरिता किसी दिन मिला दूँगा!

मैं जब जब नृत्यलीन हुआ हूँ, इस पगध्वनि ने ताल स्वर दिये हैं; मेरे भय में दृढ़ता लिये मनोरंजक बनी है, मेरे शंकातुर मन में विश्वास बनी है और इसी ने मेरे यौवन को शैशव की महिमा से मिलाकर चंचल बनाया है।

इसकी गति न तो मधुराज संगिनी कोकिल काकली में अपने को भूली है, और न भादों के जामुनी बादलों में इसकी मनोविनीता मधुमहिमा को उदासी ने हल्का किया है।

जब जब पलकों की सेज पर मैंने आँसुओं की कलियाँ बिछायी हैं, यह पगध्वनि प्रेमी मधुप-सा प्रतीक्षामय उल्लास देती रही हैं और...

कार्यकरण युक्त सत्य जीवन से भावलोक; भावलोक से स्वप्नलोक में यह पगध्वनि, यह मेरे अन्तर की रंगिनि पगध्वनि, अपनी छम-छम से सदा ही अटूट रही है।

क्या इसी अटूट शक्ति को मेरे गीतों में ढाल कर उनके सुख के स्वरों को भी अटूट बना दोगे, ओ मेरे देवता!

('अलोक' : 8 सितम्बर, 1947)

मेरा ज्ञान

मेरा ज्ञान भोर से धूमिल तारों सा डूबने दो।
वह ज्ञान—
जो सूखी मरुभूमि में दो नीले कुसुम खिला दे;
धूल भरी आँधी को रिमझिम बरसात बना दे :
जीवन के खारे आँसुओं में ममता की गन्ध भर दे,
भोर के तारों सा डूबने दो।
जीवन-कुसुम की पंखड़ियों पर स्वर्णिम किरणों सा नृत्य करता हुआ
ज्ञान कुसुम सा मुरझा जाने दो।

(कानपुर : 26-12-1941)

दो रूप

(1)

पूछा शलभ् ने बुझे दीपक से,
बुझ गये क्यों अनायास ही?
दीपक की राख उड़ी, उत्तर मिला—
भेजे हैं प्रणय-पत्र,
स्नेह से लिख लिखकर
प्रियतम के देश में!
पूछा शलभ ने दीप की शिखा से,
ज्वाला की अरुणिम शिखा से,
जल रहे हैं, कैसे तुम तिलछिन?
दीप की शिखा हिली, उत्तर मिला—
जल रही हूँ याद में,
जलन ही आज्ञा है
प्रियतम के पत्र की!

(2)

मैं भी कुछ दीप सा—
जल रहा हूँ पल पल
मिलन की आशा में;
फिर भी बुझ गया हूँ
किसी की याद में
आती है हर साल दिवाली
जलते हैं दीप घर-घर!
बुझा है मेरा दीप
जलने का नाम नहीं!

कहीं अभागा याद आता हो!

शायद कहीं अभागा याद आता हो! मधुगंध से नशीली हो, बौर भरी आम्र-विपिन की टेढ़ी-मेढ़ी डालों में कंचन बरसाता हो : जब खँडहरों में भी मधुवात डोलकर, उदास हो लौटती हो तो शायद कहीं अभागा याद आता हो!

ग्रीष्म की दुर्निवार दोपहरी, दूरवासी प्रवासी की झुलसी देह देख जब पथ के उदार तरुवर शीतल छाया बरसाते हों; वह यात्री तरु-तले दो चार पल सुख की नींद लेता हो तो शायद इस दूरवासी का ध्यान आता हो!

साँझ की उदासी अपने गुलाबी सूजे दृग मूँद चाँदनी की नींद में डूब जाती हो और सुख की पुष्प सेज का रूप द्विगुणित हो उठता हो : एक ही धरा पर दो चकवे-चकवी दूर-दूर देखो तो शायद...!

विश्वास की रेख समय के पट पर धूमिल है अवश्य किन्तु याद भी आती होगी!

लो अब मैं बनूँ चाँदनी!

तुमने तो तारों के साथ जी भरकर रास रचाया अब तनिक मैं भी चाँद बनूँ!

साँझ की गुलाबी पलक मुँदते ही अपनी किरणों से जग को मीठा करूँ।

संगमरमर के गगन-चुम्बी महल में फूलों की सेजवाली एक-एक मालती से बोल उठूँ। फूलों की सेज भी मेरी सुकुमारता देखकर शरमाए। तुम जब नीरजात-से अपने मेहँदी पगे मंजुल पग रखो तो कलियों की स्निग्धता उन्हें चूम लें।

क्या कलियों की स्निग्धता में मुझे पाकर भी मुझे न पहिचान सकोगी?

अधिक रात गये चाँद की ओर देखते-देखते पलकों से नींद का भार न सँभले; तुम्हें घेरकर बैठी हुई सखियाँ सोने के लिए बाध्य करें और कभी प्यार की और कभी स्वप्न की बातें कर कर, मृदु थपकियाँ देकर तुम्हें सुलाएँ; मैं ज्योत्स्ना की किरण बनकर तुम्हारे पलक न मुँदने दूँ—क्यों क्या रूठ जावोगी मुझसे?

और रात के अन्तिम प्रहर में नींद टूटने पर चाँदनी में डब-डब करते हुए तारे देखकर आँचल सँभालो; वन के पेड़ छाया-पुरुष से काले होकर भी सुन्दर लगें; महल से लगी हुई नदी की लहरें चाँदनी का दूध पीकर रजत-सर्प सी सौ-सौ बल खायें, तो क्या मेरी चंचलता ध्यान में न ला सकोगी?

क्या यह भी न जान पावोगी कि तुम्हारा ही कोई अपना अब चाँद बनकर मुस्करा रहा है?

दो वेलाओं का संगम

आँखों को चट्टानों के पार डूबता हुआ सूर्य देखना सुहाता है : चट्टानों का सिर छूता हुआ आकाश लाल हो रहा है : बादल राग पल पल बदल रहे हैं : नदी-पार से शिवालय की आरती-ध्वनि आ रही है : हरेभरे खेतों में रेशमी दुकूल टिक रहा है। यह दृश्य बचपन में भी इन नादान नयनों को भाया था इसीलिए आज कुछ याद आ रहा है!

जैसे बचपन और यौवन के संगम में पाँव की चपलता नयन ले लेते हैं इसी प्रकार रंगीन शाम ने अपना रूप श्वेत तारों को देना सोचा है; फूलों से भरी जंगल की गोदी अब चाँदनी से सींची जाने वाली है : यह दो वेलाओं का संगम देखकर कुछ याद आ रहा है।

ग्रामीण पगडंडियों पर, लाल खपरैलों पर सरसों के खेतों पर चाँदनी अपने बगुले से श्वेत पर फैला नृत्य कर रही है : उसकी प्रत्येक किरण ध्वनि में कुमुदनी खिल रही है और मेरा मन भी। यह देखकर कुछ याद आ रहा है।

ठूँठ और मैं

प्रतिक्षण गिरती हुई मिट्टी के फूटे कगार पर तुम्हारे दुर्बल पग युग युग से जमे हैं, पतझर के तीर, पतझर के प्रतिपल सर्प की सदृश काटने वाले तीर तुम एक काल से सहन कर रहे हो; बरसात की गीली रातें, ज्येष्ठ की असहनीय फुफकार, दोनों का मूल्य तुम्हारे सम्मुख एक है क्योंकि तुम ठूँठ हो।

मैं भी जीवन के फूटे कगार पर अडिग खड़ा हूँ, निराशा के पतझर के तीर मुझे भी काटते हैं : पावस और ग्रीष्म की निशा मेरे सम्मुख एक सा मूल्य नहीं रख सकती क्योंकि मैं सुख-दुख की वेदी पर निज का होम देने वाला प्राणी हूँ–

तुम में इस बार फिर से बौर आया है : लाल-लाली कोमल पत्तियों ने तुम्हारे अंग में कंचन बरसा दिया है–फूल वाले वृक्ष शायद तुम नहीं हो। फिर भी मानों तुम्हारे भीतर के घाव बाहर निकल आये हैं। हरे हो और चाँदनी में मुझे एक नायिका के समान दीखते हो।

छोटी-छोटी फुनगियाँ तुम्हारी चटुक अंगुलियाँ हैं : इस प्रकार झुक गये हो जैसे नृत्यलीन मीरा अपने गिरधर के आगे इस बात का अनुरोध कर रही हो कि वह सिवाय उनके किसी के आगे नाचना जानती ही नहीं? ऊपर का भाग मानो किसी षोडश वर्षीया बलिका के केश की चोटी है जिसमें तुम्हारी तरह तीन भाग में तीन सितारे हैं।

मैं भी जीवन के घुमाव में चाहे जहाँ घूम गया हूँ और फिर प्राचीन-पथ को सदा के लिए भूल गया हूँ। तुम्हें देख अपने साथी...जीवन के केन्द्र की याद बरबस ही सावन के भरे मेघ-सी आती है और हृदय के देश में बरसात की रातें काटे नहीं कटतीं। तुम चाँदनी रात में नृत्यलीन मीरा और मैं कजरी रैन में जीवन के आलोचक रूप में...

दोनों की जीवन-गति एक है : स्थिति और दशा मेल खाती है फिर भी अन्तरहीन में कितना अन्तर है! मानव और वृक्ष में समानता ही कब रही है?

नासमझ मन समझाने का हम हँसकर ही देखेंगे

देखें अगर क्षण भर आँसू भरी आँखों में हँसकर तो क्या होगा? पलभर के अश्रुहास क्या युग के परिवर्तन को शीतल बना सकेंगे?

गगन पार करती हुई रिक्त बादल की नन्ही टुकड़ी ने दिगन्त तक फैले हुए मरुभूमि को गीला करना चाहा : मन को पार करती हुई लघु बातों ने प्रथम-कंचन वेला के अनुभव पर अपना रंग छिड़कना चाहा, किन्तु अँधेरी रात्रि में तारे अगर चाँदनी का रूप भरते होते तो आज दिन चाँद की महत्ता ही शायद कम हो जाती।

तो हँसी छूछी हँसी : तो गा लो सुख के मीठे गान! किन्तु जो वस्तु एक बार हृदय में अपना स्थान जमा ले उसके ऊपर दूसरा रंग नहीं चढ़ने का—

हँसकर देख भले ही लो किन्तु इस मन की आदत खराब हो गई है—

सुधि सावन के घन सी आती है!

सुधि सावन के घन-सी आती है

और हृदय प्रदेश का प्रत्येक कोना-कोना गीला कर संसार में फैली हुई नदियों के समान आँखों से फूटकर निकलना चाहती है।

एक पल मँडराती है, दूसरे पल घूम-घूम कर रुकती है जैसे बरसने के लिए निश्चित कोना ढूँढ़ रही हो। किन्तु यह सुधि सावन के घन से अधिक आशातीत, अधिक मादक और अधिक कजरारी है क्योंकि उसकी दूसरी ओर देखने के लिए नीरवासी नयन अन्धे हो जाते हैं।

सावन के घन शत्रु और मित्र दोनों के खेतों पर समान बरसते हैं।

और मुझे भी विश्वास है कि यह सुधि दूसरों को अपनाने की शक्ति रखती है।

काजल भरे सावन के घन! तुमने हरिणी के नयनों को भी जीत लिया है, मोर के पंखों में भी विद्युत संचार किया है, धरणी को हरी साड़ी पहिनाकर उसे लाज में डुबो दिया है।

मेरी सुधि के सावन! तुमने मुझे जीवन से जीतने की शक्ति दी है, कल्पना में विद्युत संचार किया है और मेरे मन को अधिक लजीला बना दिया है!

क्या मेरी और साथी की दूरी में कुछ अपनापन भर सकोगे?

क्या इस नादान आत्मा में वैराग्य का दीप दान करना पसन्द करोगे?

(03 अप्रैल, 1942)

एक तारिका

यह चाँद और तारे की कहानी है।

शशिकला श्वेत जुही से संगमरमर के आँगन में रूप फैला रही थी। चारों लोक उसके रूप की माधुरी पीकर बेहोश हो रहे थे। दिगन्त तक फैली हुई चाँदनी के साथ एक तारा भी टिमटिमा रहा था। उस तारे ने चाँद का उज्ज्वल रूप अपनी आँखों में भरना चाहा। वह बढ़ा और लाज के द्वार खोलता-खोलता शिथिलता के साथ चाँद के पास आया। चाँद सुन्दर था किन्तु अपनी अपूर्व सुन्दरता से अनभिज्ञ था। जग की ओर से अँगुली उठी तो वह समझा कि चाँदनी का सर्वस्व है।

तारे ने पैर और आगे बढ़ाए; भाग्य की बात—कहीं से बादल की एक टुकड़ी ने सिर उठाया। चाँद को बादलों का रूप भला लगा। उसने अपना मुख विशाल अंक में छिपा लिया और तारा देखता रहा गया; उसकी युग युग की प्यासी आँखें प्यासी ही रह गईं। यह चाँद के रूप का मूल्य था जो कि कभी न चुकाया जा सकता था। तारा निरुपाय था।

तारे ने लाजवश अपनी गर्दन नीचे डाल दी।

चाँद बादलों के अवगुण्ठन में आ तो अवश्य गया किन्तु उसकी छाया धरती की नदियों में पूर्णतया दृष्टिगोचर थी। लहरें ऊपर उठ-उठकर चाँद छूने को हठ कर रही थीं। तारे ने धरापथगामी नदियों की लहरों में चाँद के सौ-सौ रूप देखे और उन्हें अपनाना चाहा।

तारे ने सोचा कि एक चाँद रूठेगा तो दूसरे को मना लूँगा। उसका मन स्थिरताहीन गति में बहने लगा।

अपना प्राचीन वातावरण छोड़ देना ही उसने श्रेयस्कर समझा। उसका मन टूटने लगा।

उसकी रग रग में न जाने क्या जागा!

तारे को पूर्णरूपेण विश्वास भी था कि अनायास ही उठ आने वाली उमंगें उसके सम्मुख आते ही शब्दहीन हो जाएँगी। चंचल नयन पलकों के सहारे झुककर लज्जित प्रणाम ही करेंगे और आशा के शत शत भावी सपनों का भार ले वह टूट चला।

घर से उतरा तो रास्ते में अनगिनत ज्वालामयी आत्माएँ मिलीं—कुछ तो उनके साथ जा रही थीं, कुछ मृत्युलोक से स्वर्गलोक तक आ रही थीं। किसी भी राही ने बात न पूछी।

किन्तु नभ छोड़ने के कुछ पल उपरान्त ही उसकी साँसें पूरी हुईं।

यहाँ भी निराशा!

नदी की लहरें ठीक वैसे ही शशि आलिंगन को लालायित हैं। उसकी लहरों में अब भी चाँद के सौ-सौ रूप हैं।

किन्तु गरीब तारा नदी तक पहुँचने के पूर्व ही, अपनी इच्छा-पूर्ति के पूर्व ही शून्य में बुझ गया है।

निस्सार शून्यता में, धरती और आसमान के बीच वाले वातावरण में उसकी बुझी हुई समाधि है जहाँ अब चाँदनी की रजत रश्मियाँ रोती हैं।

मन के पंछी

मन के पंछी! इतने शीघ्र उड़ चले उर-तरुवर से?

ठहरो, मानो भी, कहाँ जाने का विचार है? कहाँ तक पंख पसारोगे ममता की आँधी में? यह तो आँधी है, आँधी! इसका क्या? बहना ही इसका काम है और तुम्हारा! नीड़ में रुकना, बच्चों को दूर देश की कहानी सुनाना—मेरे मन के पंछी, सुनो तो—तुम्हीं बताओ तुम्हारे नन्हे पंखों की शक्ति इस आँधी में कब तक अपना अस्तित्व थामे रहेगी?

किस देश की परियाँ तुम्हारे स्वागत को इच्छुक हैं? कौन से स्वर्णलोक की राजकुमारी अपने महल का वातायन खोलकर तुम्हारे गीत सुनने को अधीर है? कौन सी देवबाला की आँखों में तुम छवि का सिन्धु उँड़ेल दोगे?

...यह पागलपन की मधुर-मदिरा तुम्हारे पथ में रोड़े अटकाएगी; आशाएँ और आकांक्षाएँ असमय ही तुम्हारे पंख दुर्बल बना देंगी; जीर्ण, जर्जर और ठिठुरे पंखों की फड़फड़ाहट से कौन से काव्य का निर्माण होगा?

तुम्हारे समान अनेक पंछी उड़ चुके हैं—सुषमा गान गा चुके हैं, स्नेह-संचित कर उसे लुटा भी चुके हैं! सुनते भी हो मन के पंछी? मान जावो—शून्याकाश में पंखों की तूलिका एक भी चित्र न बना सकेगी! गगन के चुपचाप चुम्बन एक भी पहेली न सुलझा सकेंगे?

...इसीलिए थोड़ा विश्राम कर लो मन के पंछी!

—शायद ममता की आँधी तुम्हारे नीड़ को ही न खा बैठे!!!

(प्रकाशित प्रजापुकार : 15 दिसम्बर, 1944)

मन से

हृदय के स्तर-स्तर वासी गुप्त राग
झूलते रहो तुम वियोग की चंचल लहरों में।
तुम्हारे लिए वियोग का अर्थ संयोग हो–
तुम्हारे लिए मरुस्थल ही कभी न सूखने वाला सागर हो
बबूल के दुर्निवार काँटों को मंदार के फूल जानो
तभी जीवन में कल्याण की सुगन्ध आ जायेगी
और तुम निज पथ पर उदार तरुवर-सी
छाया, शीतल छाया का दान कर सकोगे।

मेरे गीत

मेरे गीत नाश होना ही नहीं जानते!
जब संध्या सूर्य का मुकुट उतार देती है;
और मालती चाँदनी का मुकुट पहिन लेती है...
गगन की झोली में "दाता की भीख" के तुल्य मेरे गीत;
चाँद तारों-से झलक उठते हैं।
जब जन्म की आँखें मृत्यु मूँद लेती हैं
सिद्धि का स्वप्न प्रतीक्षा पलकों में अभिसार करने लगता है;
जीवन मरु का मृगजल; मृग नयनों का छल नहीं रह जाता;
मेरे गीत तुम्हारी पग पायल की व्याकुल चंचलता बन बैठते हैं।
वे मुखरित हो उठते हैं,
मेरे गीत ध्वनित होते हैं!
वे लय होना ही नहीं जानते!
तुम नाच उठती हो,
वे लय नहीं होते...
चाहो तो मेरे जीवन स्पर्श रसिका की प्यार वीणा पर,
अपनी मृदुल चटुल उँगलियाँ चलाकर
मेरे तार-तार की परीक्षा ले लो...
उन्हें लय होना नहीं आता
और न भाता ही है।
वे नाश नहीं होंगे।

(31 दिसम्बर, 1941)
(आलोक : दीपावली अंक, 1946)

हृदय के भाव

सागर के फेनिल उच्छ्‌वासों से भाव मन के सागर में उठकर सिर उठाते हैं—उनका संगीत कोई नहीं सुनता बबूल के काँटों की विषम मार सहने वाली वायु की मर्मर ध्वनि न जाने किसका ममत्व पाने दौड़ पड़ती है?—उसकी गति कौन जानता है? हृदय के प्रशान्त सागर में अनेक भावों के कुसुम जंगली फूल-से मुरझा जाते हैं।

× × ×

किन्तु... ।

युग-युग के भाव केवल भविष्य के ही सहारे जीवित हैं—अपना वर्तमान काल पा फूटकर छिन्न-भिन्न हो जाते हैं। सूर्य के चारों ओर आदिकाल से पृथ्वी घूम रही है, किन्तु जब सूर्य पृथ्वी को चूम लेगा तभी पृथ्वी भी सूर्य बन उठेगी। प्रतिदिन खिलते फूल देखकर भी मन फूलता नहीं है—

× × ×

परन्तु...

चिन्ता! उपेक्षित होकर भी सबके आलिंगन में लीन है, निराश्रित होकर भी सबका आश्रय है, तिरस्कृत होकर भी नर नारी से भरे जगत् की प्रिय-पात्र है!

मिलन का दुःख वियोग का सुख चिन्ता की दया है। चिन्ता ने सारे विश्व को अपना लिया है, क्या मेरे मन की चिन्ता को किसी चिन्ता में लीन कर सकोगी?

आराध्यदेव की चरणों से टकराने वाली चिन्ता की लहर, सागर के अडिग पत्थर से टकराने वाली लहर रूपी चिन्ता मैं तुम्हारा शत-शत हृदय से आदर करता हूँ—क्या मुझे मुक्त कर सकोगी इन माया के जालों से?

बहेलिया

किसी जंगल में एक बहेलिया रहता था। उसका काम था चिड़ियों को मारना, भूनना और उन्हें खाना। आँखों में करुणा नहीं थी—हाथों में दया नहीं थी।

एक रात को उसके आँगन में बहुत दूर से एक चिड़िया आई और चाँदनी में चमकने वाले शहतूत के पेड़ पर बैठी। कैसे बताऊँ उसका रूप?—स्वर्ग से उतर रही थी। चाँदी-से पंख, सोने-सी चोंच और स्वर उसका देव बालाओं की नूपुर ध्वनि से अधिक प्रियतर! चाँदनी भी उसकी सुरभित साँसें पीकर नशीली हो रही थी।

चिड़ीमार की आँखें उस तरु केन्द्रित शोभा पर लगीं। चिड़िया भी तरु-छाया को आँगन में फैलते हुए जगर-मगर देख रही थी।

...अनजाने मेहमान दूर देश से आये थे पुलक गात में शत शत वरदान भरकर; मोती-से नयनों में युग-युग की तृषित-दर्शन की शोभा लेकर...!

चिड़ीमार ने सोचा—'कैसा मीठा होगा इसका गोश्त?'

चिड़िया ने पंख पसारे; चिड़ीमार के हृदय पर साँप लोट गया।

धनुष का तीर लगाया : निशाना ठीक किया : और पत्थर की तरह स्थिर होकर चिड़िया देखता रहा।

न जाने कब तक देखता रहा—

वायु बही। तरु की डाल हिली।

चिड़ीमार चौंका। उसने तीर छोड़ा।

और चिड़िया फर से उड़ गयी दूर, दूर...अतिदूर...जैसे अपनी भाषा में कह गई, 'मीठा गोश्त मीठे तीर से मिलेगां, कड़ुवे से नहीं!'

लू की लपट

ज्येष्ठ की मध्याह्न की गरमी थी। मणिहीन सर्प के सदृश फुफकार से सारा वातावरण साँय-साँय कर रहा था। लू भी भरपूर जोर की चल रही थी, धरती तवे सी जल रही थी और आकाश नीलिमा पहिने आग बरसा रहा था।

बौर के पेट में कैरियाँ आईं; दोपहर में ज्यों-ज्यों लू चली, वे मारे आनन्द के झूमने लगीं।

पत्तियाँ बोलीं, 'हम झुलसे जा रहे हैं और यह लू थमती ही नहीं!' और पत्तियों ने तरु के नीचे छाया देखकर डाल छोड़ दी।

कैरियाँ बोलीं, 'ना बहिन, ना! हमें इस आग ही में तपना है।'

इसे तनिक और अधिकाधिक गर्म चलने दो! और वे डाल की गोद में ही लगी रहीं।

आषाढ़ आया : जामुनी रंग के अनमने बादलों ने आम के वन को सींचा। और पके आम सबके मन भाए।

पत्तियाँ हरी भी हुईं परन्तु उन्हें ढोरों ने भी न पूछा।

आम दुःख में पके थे। पत्तियों को आषाढ़ के मधुर बादलों ने हरा बनाया था।

सुख में पकने वाले की पूछ जग में कहाँ?

(नवजीवन : 18 सितम्बर, 1945)

मैं सुखी हूँ

मैं सुखी हूँ क्योंकि मेरी सुधि किसी को हैरान नहीं करती।
मुझे निज पर ही घृणा है क्योंकि मेरे पास आशीर्वाद धारण करने का हृदय नहीं रहा।
सागर लहरों के स्वर में बोला, 'मैं तरलता भूल गया हूँ!'
क्षितिजा के अरुणाधर खोल किरणों की भाषा में सूर्य बोला, 'मेरा उषा और साँझ से कोई रिश्ता नहीं!'
भूले हुए राही!
तुम इस राह पर भूलकर आ गये थे किन्तु अब परिचित होकर भी राह भूल रहे हो!

मेरा व्यक्तित्व

मेरा व्यक्तित्व तुम्हारे जीवन का विषाद और अपने यौवन का श्मशान है।

प्रणय-प्रभात में तुमने अरुण नयन खोले और लघु-लघु आशाओं के मद से भारानत हो यह प्राणी तुम्हारे जीवन में साँझ की गहन उदासी के समान झुक आया।

तुम्हारे नयन लाजवश लाल थे : मेरी आँखों में सावन था...फिर वियोग की ज्वाला मिलन के सावन से गले कैसे मिलती?

केवल जल भरी आँखों से अगम नभ सा निस्सीम जीवन का मार्ग देखता रहा : तुमने देखा कि तुम्हारे पथ की धूल में मेरे आँसू सूख रहे थे।

तब क्यों न मैं तुम्हारे जीवन में विषाद बन बैठता?

(3 सितम्बर, 1942)

तुम्हारी सुधि

तुम्हारे विश्व में प्रकाश है जिसकी किरण मेरे धूमिल-हृदयाकाश में प्रवेश कर मेरे पथ का अन्धकार दूर करती है!

निशि-भोर तुम्हारी सुधि मेरे मन में नृत्य करती है। जिस प्रकार आम के उदास विपिन में किसी नृत्यलीन मोर के पंख चमकते हैं, जिस प्रकार न्याय की मणि मेरे विश्व में भी अपना ओज नहीं खोती है, उसी प्रकार तुम्हारी सुधि का रथ मेरे मन की राह में मुखरित है!

वह सुधि, मेरे अवनति के दिन को और भी गतिशील बना देती है; मेरी गति फूल रही है और तुम्हारी सुधि कहती है, 'प्यार मरकर जीवित होता है!'

मेरे देव! तुम्हारे स्वर्गदूत मेरे सपनों को और भी स्वर्णिम बनाकर मेरी आत्मा में उच्च मानवता प्रदान करते हैं किन्तु मेरी विजय के पग तुम्हारे पास पहुँचने में थक जाते हैं!

तुम्हारे साथ बीतने वाले चार क्षण ही इस जीवन की साँसें हैं!

(3 सितम्बर, 1942)

प्राण

ना कहो, तुम न कहो मेरे प्राण! मैं हृदयहीन नहीं हूँ; अपना हृदय नहीं है किन्तु तुम्हारा तो है। वैसे अब हृदयहीन अवश्य हूँ किन्तु तुम्हारी छबि-परिचय के पूर्व ऐसा न था!!

प्यार के दीप ने अग्नि-मुकुट पहिन लिया है, मुख मेरा आँसुओं से धुल रहा है पर आँखें जल रही हैं। तुम्हारी दूरी ने प्राण, शरीर से अलग कर दिये हैं परन्तु 'प्राण' शरीर से अलग होना आसान नहीं, कहना सरल है!

निस्सीम-सीमा के सीमित प्यार, तुमने मुझे सीमित कर दिया है; कहो तो उस जीवन-पथ से लौट जाऊँ जिससे कि आया हूँ ताकि प्यार मुरझाने न पाए किन्तु तुम, तुम ऐसा न कहो प्राण! विश्वास ही उठा दो; मेरी प्रकृति में सभी कमजोरियों का साम्राज्य है जो कि बिना प्रभाव के जीवित नहीं, पर मेरे लिए समस्त विश्व सारहीन है, केवल तुम! मेरे विश्व, इसी लघुता में मेरा विश्व है; कम से कम तुम न कहो मेरे प्राण! मेरी आशा के महल! तुम शान्त रहो।

प्यार के रूप–तीन दशाएँ

छवि-परिचय नयनों से ही हुआ। आँसुओं का जल शिवमूर्ति के समान आठों-याम उस छवि के ऊपर गिरता रहा। नयनों में ही वह मूर्ति पूज्य बनी। नयनों में वह मूर्ति कुछ समय हृदय, आत्मा और जीवन-निधि रही। सागर में जितनी लहरें हैं, सूर्य की जितनी किरणें हैं उतनी ही सजल और उज्ज्वल आशाओं के साथ मेरे नयन उस सौंदर्य-स्तुति में लीन रहे!

रूप का उनींदा प्रात जगा; स्वप्न को सत्य का रूप मिला। वह सत्य एक जीवित सत्य बना जिसके साथ पलक भर में युग के युग बीत गये। यौवन का फूल अपने प्रभात में ही पुष्प-चयन की वेला सीमित कर चुका था, कुशल भविष्य-वक्ता की भाँति वह प्यार मानो भावी की ओर से निश्शंक था। सत्य के वचन ने मुझे मोह लिया, पर वह सत्य एक गगन पार करने वाले पंछी की भाँति मेरी आँखों से ओझल हो गया!!

प्यार ने तीसरी करवट बदली तो मिलन का आलोक वियोग की रजनी में मिलने लगा; सत्य, केवल काल्पनिक सत्य रह गया और कल्पना ने प्यार पर विजय पाई। उसने मेरी वैभव-वेला की आरती उतारी, वह प्रतिमा दूर पेड़ों की ओट में छिपते हुए सूर्य की भाँति दिखाई दी जिसमें आने वाले काले-युग का संदेश था।

...वास्तव में मानव एक खिलौना है जिसे प्यार अपने हाथों से खेल खिला रहा है : 'यौवन के फूल, प्यार-मूर्ति पर चढ़ते ही जीवन के शूल बन बैठते हैं क्योंकि प्यार स्वयं ही एक फूल है' यह प्रत्येक बीतने वाले गम्भीर युग का कथन है!

(10 सितम्बर, 1942)

जीवन का राही

जीवन का राही जा रहा है जहाँ उसकी आशा लिये जा रही है। ठोकरें खाकर भी आशा का पीछा नहीं छोड़ रहा। और वह जीवन का सबसे भारी अपराध किये जा रहा है क्योंकि जीवन के राह पर चला रहा है।

उस मनुष्य की उमंगों का हाल भी आप पूछते हैं जिसने कि अपनी वास्तविक पान्थशाला खोजने में निज का सब कुछ मिटा डाला। उसकी कुशलता का उत्तर यही है कि वह राख हो गया है।

राख से प्रश्न करने का साहस हो सकता है आप में हो। उसका यौवन उसके जीवन का शव है : यह शव बहुत ही कोमल है—तुम्हारे अंचल की छाया ही वह सहन कर सकता है।

उसी छाया में जीवन का राही चला जा रहा है।

(12 अक्टूबर, 1942)

प्रवासी

प्रवासी!
आस्तीन का साँप न पालो–
तुम क्यों एक करना चाहते हो दो जीवन-पथिकों के अन्तर को?
तुम क्यों नहीं विदा करते यह प्रवासावस्था?
तुम्हारे ओजहीन नयनों का कथन है कि मैं अपराधी हूँ।
मुझमें, मेरे प्रतिदिन के जीवन में संताप की छाप है–मैं मानता हूँ।
किन्तु मेरे संताप और तुम्हारे प्रवास का कोई रिश्ता नहीं।
फिर भी तुम जीवन की सूनी राह पर हास्य के संचालक क्यों हो?
प्रवासी–तुमने भी भूल की है जिसका उत्तर तुम्हें एक दिन पश्चात्ताप् के रूप में देना होगा!
अनेक बार तुमने वंशी में प्राण फूँके हैं, कितनी बार तुम्हारी पूजा मंदिर में आकर लौट चुकी है!
देवता का देवत्व उसे देवता नहीं बनाता, प्रत्युत पुजारी का पूजन-आराधन उसे देवत्व प्रदान करता है।
किन्तु प्रवासी!
तुम देवता को खोजकर फिर खो रहे हो।
जावो, प्रवासी जावो–
मैं सुखी हूँ, चिर सुखी। तुम्हें देखकर मैं अपनी वियोगावस्था भूल जाता हूँ किन्तु तुमसे दूर रहकर मैं कभी न मिलने की प्रतिज्ञा करता हूँ। फिर भी–
तुम्हारी प्रवासावस्था में मिलन के सौ सौ द्वार खुले, तुम्हारा विराग निश्चिंतता के जल से धुल जाय और ओठों का विषाद मिलन का आलोक बन उषःलोक सा हँसे!
मेरी आशा के खँडहरों में फिर से रंग न भरो; उजड़े हुए उपवन में कौन सी कोकिल कूकेगी? अब न खोलो रहस्य के द्वार–
उन्हें बन्द रहने दो प्रवासी, उन्हें युग-युग के लिए बन्द ही रहने दो।
विश्वास की पाषाण-प्रतिमा धोखा खाने वाले लोचनों के आँसुओं से न धुलेगी।

जिस जीवन-पथ पर आए हो, उसी पथ के सहारे लौट जावो–
न रुकूँ?
हाँ, ना रुको, प्रवासी न रुको–बस इसी में कल्याण है!
और सुनो तो...उस शैशव की क्रीड़ा को भूलकर भी न याद करो। देखो, उधर देखो
तुम्हारी यात्रा की गोद मार्ग के रूप में कितनी खुल गई है!
नियति के पथ चलना ही होगा प्रवासी।
अपने पथ पर अग्रसर हो,
ध्यान में आया, प्रवासी?

(16 अक्टूबर, 1942)

वहाँ तो अनजाने भी मेहमान

एक आदमी था। कई बार दरवाजा खटखटाकर चला गया। 'वे भीतर हैं?' बड़े प्यार से उसने पूछा। 'जी नहीं' किसी बच्चे की मीठी वाणी ने उत्तर दिया। इसी प्रकार वह आदमी दिनानुदिन आया किसी के स्वागत-करों में बँध जाने के लिए, किसी के पास बैठकर उसकी कुन्तलराशि में खेलती हुई रजनी की घनश्याम छाया में अपना छिन्न-भिन्न सपना सुलाने के लिए, पर उसके कर तो स्वयं सूने हैं, उसके सपने स्वयं ही उसकी छाया में हैं। जल भरी आँखों से आकाश देखता हुआ वह लौट गया है।

× × × कहाँ जा रहे हो? तुम उसे न पा सकोगे। न जाने कहाँ पहुँचा होगा! दूर के बिखरे तिमिर में उसके पद चिह्न मिलते हैं। जब तुम्हारी स्मृति-छाया में आया तो उसे शान्ति न मिली : अब उसी के लिए यह आँसू? नीड़ से निकले हुए पंछी के लिए रोना कैसा?—काया के पिंजरे में एक साँस का पंछी बोल रहा है। जीवन केवल साँसों का बंधन हैं, जिस क्षण साँसों का आवागमन रुका, उसी क्षण अंत हो जायेगी यह जीवन की कहानी! यह हाय फिर क्यों?

वह अपने देश पहुँच गया जिसके द्वार उषा और संध्या हैं, जिसके वातायन नील निलय में फैले तारे हैं, जिसका पथ रजनी की कुन्तलराशि में लगे चाँद के चारों ओर है। उसके देश में, सपने राजा हैं और नींद रानी। दोनों का एक दूसरे पर अधिकार है और जो अम्बर की इतनी बड़ी नीली आँख से, अनगिन तारकों के आँसू में भी टूटकर बहते नहीं हैं!

स्वर्गगंगा की रजत धारा में विश्व का उन्माद रात और दिन श्रृंगार उतार कर स्नान करता है—और वह तट पर बैठा-बैठा अपनी आँखों का धुँधलापन धोया करता है।

जा सकेगा उस दूर देश तक?
वहाँ तो अनजाने भी मेहमान हैं; अपरिचित भी चिरपरिचित हैं!
वहाँ द्वार खटखटाने की आवश्यकता नहीं है!

मेरे आँसू

...और एक दिन तुमने देखा कि मैं उसी सागर की लहरों में डूब रहा हूँ जिसके किनारे तुम खड़े हो। कहो तो तुम भी कह दो कि यह सागर है, पर वास्तव में ये मेरे आँसू हैं जो बह बहकर सागर बन गये हैं।...तो मैं अपने ही आँसुओं में डूब रहा था और तुम इन आँसुओं के किनारे मेरे नयनों में खड़े थे—पोंछ न लिये तुमने मेरे आँसू? अपनी आहों के ताप से जला न दिया यह सागर?—देखते रहे और देखते रहे कि मैं डूब रहा हूँ। तट की पाषाण-प्रतिमाओं तक आ तुम्हारे चरण चूम चूमकर लौट गया हूँ। न तो तुमने अपने चरण ही बढ़ा दिये और न मेरे हृदय की लहरों में ही इतनी कम्पन भर दी है कि मैं उमड़कर चरणों में सो जाता। तुम्हारे पावन पदों को चूमने वाली गंगा बनता। तुम्हें चैन कैसे आ गई?—नहीं आना तो बहुत सरल है, जब चाहा तभी नहीं आये। क्रुद्ध हुए तो तुम्हारी कोकिलें भी मौन रहीं, किन्तु इच्छा न रहते हुए भी इस डूबने उतराने वाले तिनके को उबारो तो जानूँ कि मेरी सिसकियों को सुरभि कैसे बनाते हो!

(24 जनवरी, 1943)

हृदय!!

तुम्हारी परिभाषा किस देश में जाकर खोजूँ? तुम चिर-सुप्त हो, चिर जाग्रत भी। नादान हो और ज्ञानी भी; पाषाण के तुल्य कठोर हो, जल की तरह तरल भी—तुम्हें कौन सी संज्ञा दूँ?

× × ×

तुममें स्पन्दन है, हठ भी। तुम रूठते हो, तुममें अनुरोध है। तुममें वेदना सिन्धु है और है आशाओं का यौवन भी। तुम प्यार की लहरियों से खेलते हो, प्यार की लहरियाँ तुममें खेलती हैं। तपस्या के दिन तुममें जलते हैं, तुम तपस्या की धूनी हो। आह! मेरे हृदय, कितने विस्तृत हो तुम?

× × ×

तुम प्यार-लोक के वासी हो, प्यार की परियाँ तुम्हें श्रद्धा से फूल अर्पण करती हैं। तुममें सुखद अतीत की छाया है, तुम अज्ञात भविष्य के दर्पण हो। तुम किसी देश में जाकर अनायास ही लुट जाते हो और तुममें न जाने कितने स्वर्ग छम-छम करके खो जाते हैं!

यह कैसी विपरीत संधि है?

× × ×

तुम्हारे पागलपन की मात्रा तुम्हारे ज्ञान से अधिक है। यह सतरंगी माया तुम्हें कितनी बार छल चुकी है, फिर अब क्यों आगे बढ़ रहे हो? तुम जानते हो भली भाँति कि आगे धुँधले धब्बों के सिवा कुछ नहीं—यह प्रकाश मृण्मय है, फिर क्यों समझ रहे हो इन्हें चाँद-सूरज? यह वह प्याला है जो तुममें नहीं डूबेगा, तुम इसमें समा जाओगे।

इस आँसुओं में अब की बार तुम्हारी आँखें न रुकेंगी—
फिर क्यों जीर्ण पुरातन की भाँति अँगड़ाई भर रहे हो?

(25 जनवरी, 1943)

स्वप्नों को विदा कर दूँगा

स्वप्न देखनें वाला जैसे भयग्रस्त सपनों से डरता है, रेत में दौड़ने के कारण दौड़ नहीं पाता, उसी प्रकार मैं स्वप्नों को विदा करना चाहता हूँ। यौवन, रूप के पथ पर चलते-चलते कहीं बुढ़ापे की छाँह में थककर बैठ जाएगा, फिर उसे बीती जिंदगी एक कहानी सी याद आएगी, उसके कानों में यौवन बालाएँ अपनी नृत्य ध्वनि से मधुशाला का चित्र खींचकर उसकी बूढ़ी आँखों से आँसू खींच लाएँगी, क्या यही मेरी दशा होगी? मैं भी धरती के नीचे अपनी समाधि में दबा किसी से बात करूँगा—साथ ही साथ कह दूँगा—यौवन को कभी मित्र न बनाना, इसे अपने मन के मोती न चुगाना, यह दूर देश की चिड़िया है जो राह भटक गई है—सारी रात्रि जागरण कर जैसे थोड़ी सी नींद आँखों को और भी जला देती है, उसी प्रकार बुढ़ापे में यौवन के दिन और भी कष्टदायक सुधि बन बैठते हैं!

पर मैं स्वप्नों को विदा कर दूँगा, उनके बदले सारे जीवन को यौवन मोल लूँगा, क्या फिर मेरी जीत हार बन बैठेगी?

विश्व के पार एक देश

इस आँखों से दीखने वाले विश्व के पार भी एक देश है जहाँ आत्मा को सुख मिलता है। इसके चारों ओर बीती पीड़ाओं की समाधि है जो कि रोना नहीं जानती। यहाँ अनगिनती घाव तितली की तरह चमकते हैं जो कि प्रत्येक पीड़ाग्रस्त प्राणी की वास्तविक पान्थशालाएँ हैं। जो यहाँ नहीं आये हैं, उन्हें इस पथ का यात्री बनना है किन्तु थोड़े ही जान पाते हैं कि यहाँ कितनी नींद आती है। यहाँ आशा की साँझ अपनी रंग-बिरंगी चूनर नहीं उतारती, उल्लास के बादल हृदयाकाश पर नहीं मँडराते और इच्छाओं के तूफान द्वार पर ही रुक जाते हैं फिर भी यहाँ की शोभा मौन और अकेली है—मृत्यु की भी पग ध्वनि भी यहाँ मेहँदी की लाली चूम स्वर्ग नर्त्तकी की पग पायल बन जाती है!

हर्ष की धूमिलता, स्वर्ग की श्यामलता, दोनों प्यार के लोचन से गिरे अश्रु-बूँद है—मौन की ध्वनि है, आशा का नीड़! वहीं नयन सबसे अधिक आकर्षित हैं जो अधिक से अधिक समय तक स्वप्नहीन नींद की थपकियाँ पाते हैं!

मेरी बुद्धिबालिका

...मेरी बुद्धि एक भोली बालिका के समान विचारों की सरिता के किनारे खड़ी है। बालिका के हाथों में एक दीप है जिसे वह अपने सुनहले विचारों के अंचल की ओट किये है और सरिता के पार से आने वाली वायु उसे तंग कर रही है।

...बालिका के स्वप्न इस सरिता की लहरों पर झूल रहे हैं। लहरें चंचल हैं। जब लहरें अधिक जोर से आकर उसके नयनों से फूट उसके रेशमी स्वप्नों को गीला कर देती हैं तो बालिका उन्हें सुखा लेती है और फिर भूल जाती है कि मेरे स्वप्न कैसे गीले हो गये थे–

लहरें आती हैं...लहरें फिर लौट जाती हैं; लहरियों के आवर्तन काल के पाषाण तट से टकराकर अधिक चक्राकार हो उठते हैं; बालिका अज्ञात है; इसी प्रकार वह यही सोचती है कि यदि उसका भाग्य सदा ही टकराया करे; मिटा करे और बना करे–तो उसे सुख मिले। बालिका भोली ठहरी, बड़ी होगी तो जान लेगी सब कुछ! किन्तु जब शैशव अबोध की सुरा पीकर यौवन के नयनों में विहार करेगा, मचलने लगेगा, तो बालिका का ज्ञान शत दल के शबनम सा झर जाएगा...और वह...एक बार ही आने वाला यौवन निस्सार है, अर्थहीन है निरर्थक है क्योंकि उसमें अनुभव कहाँ? वह और भी हौरान होगी।

बालिका को चाहिए कि ऐसी पूजा करे कि उसका यौवन वृद्ध एवं गम्भीर होकर फिर से लौटे...और? क्या मेरी बुद्धि बालिका को यह बात रुचेगी?–हाँ रुचेगी।

परन्तु मेरी बुद्धि एक अज्ञान बालिका के समान संसार से खेल रही है कौन जाने यह अज्ञान ही उसकी शक्ति हो!!!

(आलोक : 19 अगस्त, 46)

मेरे स्वप्न!

मेरे स्वप्न! नयनों के लोकवासी, बरुनियों की डोरी में बंदी और यौवन-सरिता में प्यार के नाविक की सुनहली नाव, तुम्हें पहिचान न पाया!

सुहागरात्रि में अज्ञात-सुन्दर दर्शन मात्र वाली, छुईमुई सी हृदय वाली बाला सुन्दरी के रहस्य, मैं तुम्हें भी उपहार में आदान-प्रदान कर चुका हूँ; तुम्हारे रंगों में मेरे फूल और भी सुन्दर हो गये हैं यद्यपि मेरे फूल उस वृक्ष से तोड़े गये हैं जिसमें फल नहीं लगते और बूढ़े वृक्ष के फूल हैं जो कि अन्तिम बार फूल कर मुरझाने चाहते हैं। तुम्हें कष्ट न हो तो, तुम्हारे संग-संग मैं भी साँझ का रेशमी घूँघट डाल तुम्हारे आँगन में प्रकाश फेंककर वापिस लौट जाऊँ!

...पागल न बनो...नादानी न करो...मेरे स्वप्न, कल्पना के खिलौनों का रंग छूट जाएगा, भौतिक विश्व की आँधी, घनघोर वर्षा से धुल जाएगी और तुम्हें अपनी आँखों से देखकर विश्वास न होगा कि मेरे फूल की पत्तियों पर चिपकी हुई विस्मृति की धूल मिट जाएगी और वे हरियाली में चमक उठेंगी;...सुनो मेरे स्वप्न क्या तुम मेरे फूल, धूप में चमकते हुए न देख सकोंगें?

आगमन

जीवन के सबसे अधिक महत्वपूर्ण क्षण वे थे जब तक न तुम आये थे और न गये थे।

तुम्हारे आगमन के पूर्व मेरा हृदय एक स्वच्छ दर्पण था जिसमें तुम्हारा प्रतिबिम्ब गिरा; मेरी आँखों के स्वप्न रंगहीन थे जो तुम्हारे रंग में रँग गये। मेरे हाथों की गुँथी हुई माला तुम्हारे गले तक पहुँचते ही मुरझा गई!

तुम्हारी विदा के बाद मेरे दर्पण में किसी भी दूरागत राही का प्रतिबिम्ब दृष्टिगोचर न हो सका; मेरे स्वप्नों का रंग न बदल सका और मेरी पुष्प चयन की वेला न बढ़ सकी।

किन्तु तुम आने के पहिले सुलझी पहेली थे—मधुलोक से आगत एक मनभाए मीत थे—

जाने के बाद एक रहस्यमय कहानी बन बैठे—दूर देश के राही बने। तुम्हें यात्रा की गोद प्रिय लगी और...मेरी पलकों की लाज! तुमने अपने आँसुओं से मेरी लाज धो दी।

आज अगर संसार मेरे घर में आने वाले अतिथि की बात पूछे तो मैं उसे क्या उत्तर दूँ?

मैं तुम्हें न देख पाया!

मैंने तुम्हारी आँखों में नहीं देखा; मैंने तो उन आँखों में देखा जो तुम्हारी ओर एक टक निहार रही थीं। तभी जी में आया कि तुम मेरी रगरग में डूब जावो, मैं तुम्हें अपने मन में रख लूँ यदि मेरा वश हो!

'मैं कौन हूँ?' तुम न जान पाए। 'तुम कौन हो?' मैं पहिचान पाया और अपरिचित के सहारे आशाओं के महल खड़े हो गए—मेरे नयनों में तुम्हारा विश्व हर्ष के आँसू भर लाया तुम्हारे कपोलों में मैंने चुम्बन के फूल खिला दिए...फिर सहसा ही वह आह्लाद तुहिन कण-सा बिखर गया। चुम्बन के फूल मुरझा गए और चाँद के आँसुओं से शतदल के पाटलों पर ओस की कहानी अंकित हो गई!

फिर भी मैंने तुम्हें नहीं देखा—उन आँखों को देखा जो तुम्हें चाव से देख रही थीं जिसमें तुम्हारी प्रणय कहानियाँ लिखी थीं किन्तु तुम?...निशि बाला के माथे पर लगी हुई बिन्दी के समान उज्ज्वल तारे से दूर थे और प्रतिभाशाली थे।

तुम्हें देखकर मेरी आँख चकाचौंध के कारण मुँद जाती थी इसलिए मैं तुम्हें न देख पाया!

(30 जून, 1943)

कँटीली झाड़ी

उपेक्षित, चिर तिरस्कृत और कितनी अकेली है तू राह की कँटीली झाड़ी? परन्तु परमात्मा तो उन्हें भी चाहता है जो घृणा के पात्र हैं!

अकेली, बरसाती उमंगों में उमड़ने वाली नदियों से दूर, आषाढ़ के अनायास ही घिर आने वाले बादलों से दूर, विश्व के कोलाहल से दूर, तू कितनी एकान्त-प्रिया है!

आज पावस ऋतु लगने पर तेरा मन भर आया है तो काँटों की विषम मार सहने वाले शरीर ने हरी पत्तियों से अपना कंकाल ढँक लिया है!

तेरे बगल की पगडण्डी भी काँटों से दूर भागना चाहती है : और तू उसे अपने अंक में भरने को उतावली हो रही है–कितनी विशाल हृदया है तू? दुनिया तुझसे बचकर चलती है क्योंकि तू उसे उलझा लेगी। वह नहीं समझती कि झाड़ी के काँटों में भी एक ममता है!

इस पठारी जमीन पर तू कितनी प्रिय लग रही है! जैसे पठार का हृदय आज तेरे रूप में ऊपर आकर गर्व से संसार देख रहा है।

तूने पत्थर पर फूल खिलाये हैं!

क्या मेरे मन के काँटे भी तेरे ही समान अपने राही का पीताम्बर उलझा सकेंगे?

(10 जुलाई, 1943)

झरबेरी

जंगल की झरबेरी किस किसके मन भायी है?

चिर एकाकिन, स्नेह तिरस्कृत झरबेरी तू विश्व से कितनी विलग है!

बरसात में उमड़ने वाली बाल सरिताओं से दूर!

आषाढ़ के जामुनी बादलों से भिन्न और यौवनोन्माद पूर्ण बन फूलों से तो और भी विमुख, तेरा अस्तित्व ही अनोखा है...आज पावस ऋतु ने धरती पर मन्द चरण बढ़ाए हैं और काँटों पर सोने वाली तेरी नन्ही देह ने भी पर्णो से अपने को ढाँक लिया है!!

देख तो री वह बगल की पगडण्डी तेरे स्पर्श से दूर भागना चाहती है। वह पीला वन फूल तुझसे चार हाथ दूर ही मुस्करा रहा है...और एक तू है जो फैलकर सारा वन प्रान्त अपने विशाल अंक में भरना चाहती है। आज इस पठारी जमीन पर तुझे पुलकित देख, मेरे जीवन की कठोर, धरती भी पसीज उठी है कि फूले फले और चिर उदार बने। क्या मेरे मन के शूल तेरे सदृश्य पथिक को उलझा सकेंगे, बोल झरबेरी?

(आलोक, 19 अगस्त, 46)

पीली पत्ती

चम्पे की डाल पर फूल खिला और उसी डाल पर कोपलें आईं; उनमें से एक कोपल ने हरी पत्ती का रूप लिया और अपने दिन पूरे कर पतझर में मुरझाकर नीचे आ गिर पड़ी।

फूल और पत्ती दोनों ने एक साथ एक ही स्वप्न देखा। वे स्वप्न लोक में विचरने लगे। वन, पर्वत, तपोवन, नगर और सागर घूमते-घूमते वे थककर घनी छाँह के नीचे बैठ गये। फूल ने पत्ती का पीला रूप देखा, पत्ती ने फूल की श्वेत आभा देखी।

पतझर की मारी पीली पत्ती का बोल फूटा, 'मेरे यौवन के चित्र तूने छीने हैं क्योंकि मेरी गोद में सिर रखकर तू ने यौवन के स्वप्न देखे हैं। सुनो चम्पे के फूल! मैं तुम्हारे रूप की ज्योति हूँ।'

चम्पे के फूल को हँसी आई तो बोल उठा, 'कौन कहेगा कि मैंने तेरी गोद में सिर रखकर सपने देखे हैं? कहाँ यह चाँदनी-सा श्वेत गात और कहाँ तू मुरझाई, जर्जर पीली पत्ती! तू तो मेरी छाया भी नहीं–'

× × ×...रात बीती। स्वप्न टूटा। चाँदनी चम्पे की फूल सी मुरझाई। भोर हुआ। नारंगी रंग का आकाश चमक उठा। रेशमी वायु बही और चम्पे का फूल हवा के झोंके में पीली पत्ती पर आ गिरा।

पीली पत्ती ने 'फूल' में मिलन पाया और फूल ने 'पत्ती' में दुख का साथी!

(23 जुलाई, 1943)
(प्रकाशित 'आवाज' 3 अक्टूबर, 1945)

इच्छा का खेल

मैं न अपनी इच्छानुसार आया ही था और न अपनी इच्छानुसार जा ही रहा हूँ।

अन्तर की एक अज्ञात शक्ति के पैरों पर चलना आरम्भ कर दिया था और वह शक्ति दुर्बलता के घूँट पीकर थक गई है।

इस मृण्मय-विश्व में जीवन खोज रहा हूँ।

जो पथ नगर, विजन, सागर और आकाश में भी फैलकर अन्त नहीं होता है उसी का राही बन गया हूँ–

भला मृत्यु के पहिले भी कहीं जीवन मिला है?

और यदि मृत्यु के उपरान्त भी जीवन न मिला तो? पथ का अन्त ही अनन्त हो गया तो कहाँ जाऊँगा? कौन के घर जाकर अतिथि बनूँगा?

यदि मुझे जीवन का यात्री ही बनाना था तो मेरे मानस से ही जीवन तथा मृत्यु का अन्तर उठा देना था!

तुम जहाँ तक पहुँचने को चल रहे हो–मैं वहाँ तक पहुँचने को जल रहा हूँ!

किन्तु मेरे आँसू सूख गये हैं; मेरे अंगारों पर राख और धुएँ की अनेक सतह जम गई हैं; आज तो मैं यही सोचता हूँ कि मेरे रोने से दूसरे सागर उमड़ने लगेंगे और जलने से आकाश के नीचे दूसरे आकाश की सृष्टि होगी जिसमें मेरे घाव तारों के समान झलकेंगे।

किन्तु यह भी है कि प्रत्येक नवीन सृष्टि तुम्हारी इच्छा का खेल है!

(26 जुलाई, 1943)

एक झलक!

तो अपने रूप से मेरे प्यार की सीमा निर्धारित कर सकते हो क्योंकि जिस प्रकार तुम्हारा रूप चाँदनी सा निखरता है उसी प्रकार मेरा प्यार भी अंगूर की बेल के समान हृदय के लोक में फैल रहा है।

तुम्हारी एक झलक ने मुझे अनेक रातों जगाया है और तुम मेरे हृदय में चमककर आकाश के वासी बन बैठे—तुम्हें चाँद समझकर मैं तारों सा अपलक और बेचैन हूँ! तुम तो आँसुओं में आग लगाकर चले गये, इस असहाय की रात कभी भी दिन के बराबर न हुई!

मेरा अस्तित्व ही कितना? तुमने अपने जादू के लोचन दूर किये और एक अंधकार! तमग्रस्त विजन का एकाकी राही, उस दूरागत वंशी ध्वनि की सीध में आ रहा है, कभी-कभी अपनी ही पदचाप से चौंक उठता है और धन्य वंशी! जिसमें प्राण फूँक रहे हो!...मेरी आँखें मुझे जीवित न रहने देंगी; उनमें हृदय है, मस्तिष्क नहीं!

अपने हाथों में रूप का दीप लेकर तुम यह कैसे सोच लेते हो...कि आज कोई भी पतिंगा नहीं जला? पतिंगा की पूजा आराधना की सीमा दीप की जलन है!

(27 जुलाई, 1943)

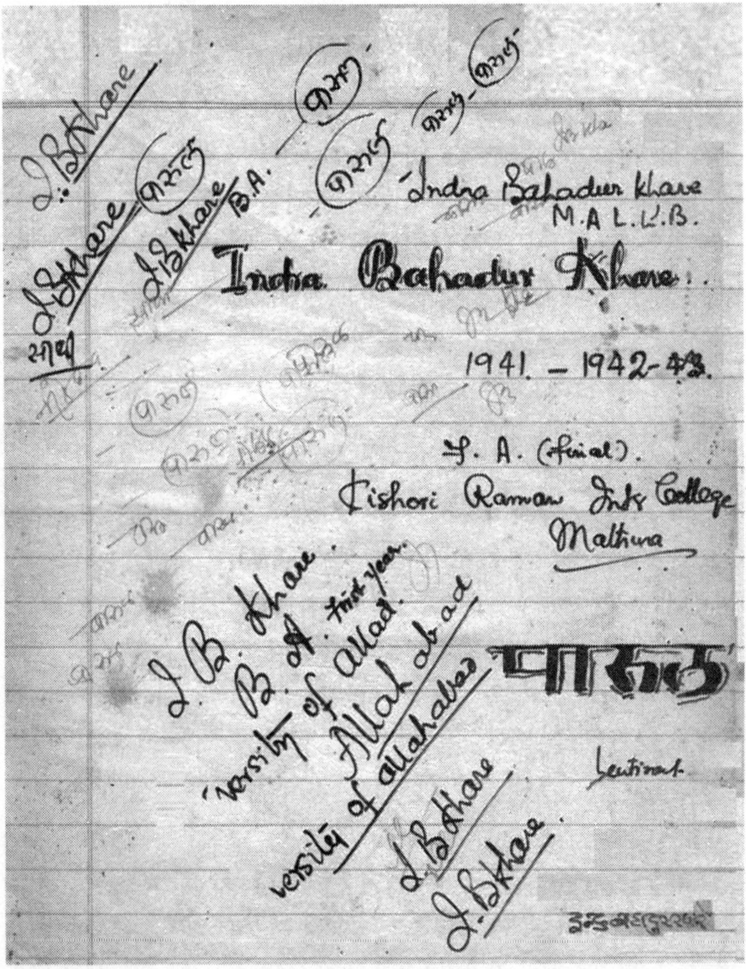
Indra Bahadur Khare
M.A L.L.B.
Indra Bahadur Khare.
1941 - 1942-43.
Kishori Raman Intr College
Mathura
I. B. Khare
University of Allahabad

भाव विहंगम

भाव विहंगम अन्तर में झाँककर उड़ गये।
मैंने अन्तर तरु में एक नीड़ बनाया; उसमें भाव-विहंगम आकर रुके। दूर देश की कहानी सुनाई—मैं मुग्ध हो गई। और आज? मैं जीवन के अंधकार में क्षितिज तक आँखें बिछाए खड़ी हूँ कि भाव विहंगम लौट आएँ!

× × ×

अब भाव विहंगम किसी कानन में विचर रहे हैं। वे देखते हैं कि आसमान छूने वाले तरुवर सोने और चाँदी का मुकुट पहिनते हैं (इस निर्जन कानन में सूर्य और चाँद दोनों अपने आगमन में जो मुकुट वृक्षों के सिर पर रखते हैं, जाते समय उतार भी लेते हैं;) किन्तु तरुवर में बने हुए नीड़ के विहंगम यथा समय लौटकर सुख दुख की कहते सुनते हैं—उन्हें किसी से दुराव छिपाव नहीं।

क्षितिज पर सुनहली गोट चढ़ी और वे उड़ दिये—

क्षितिज पर श्याम गोट चढ़ी और वे लौट आए—

अगम सागर पार किए : श्मशान भूमि की ओर निहारा : निस्सीम गगन की नीलिमा को अपनाया : महल और खँडहर देखे : पथ में रुकना नहीं जाना और आकर अपने ही घर बसे हैं!

× × ×

मेरे भाव विहंगम निशि भर मेरे नीड़ में रुके : बोले नहीं और न लाज के बन्धन मुक्त हुए : उन्होंने देखा कि क्षितिज पर सुनहली गोट चढ़ आई है भोर के नारंगी बादलों ने मन मोह लिया तो वे मंत्र मुग्ध से हो ठिठक गये और और सकल निशि मौन रहने वाले गीत रंगीन बादलों के साथ खेलने लगे हैं। वे उड़ गए दूर, दूर, अतिदूर!

...आज आँख मुँदने के पहिले ही भाव विहंगम ने द्वार खटखटाया परन्तु किसी अनजान अतिथि को पास देखकर दबे पाँव ही लौट गये!

(3 अगस्त, 1943)

(प्रकाशित 'प्रजापुकार' 19 दिसम्बर, 1944)

तुम्हारे स्वप्न रोते हैं

जब तुम्हारे रोली रँगे कपोलों पर लाज बिखर जाती है तो मुझे वे दिन याद आते जब मेरा आकाश दीप देखकर चाँद ने उलाहना देकर भोर होते ही बुझना ठीक समझा था।

समय की बात है : एक दिन मैंने स्वप्न देखा था कि मेरे घर में अनजान अतिथि भी आकर ऐसी बातें कर रहा है जैसी रेशमी किरणें स्वच्छन्द उछलते हुए झरने से करती हैं।

आज देखता हूँ तुम रग रग में बसकर भी इतनी दूर हो जितनी कि यह स्वर्ग, जो पवित्र है, सुन्दर है और अगेय है।

नीरवता में भी तुम्हारे स्वप्न रोते हैं, यह ठीक नहीं : तुम्हारे कपोलों की लाली कहीं आँसुओं से धुल न जाए!

× × ×

यह शिशिर की भारी अँगुलियाँ बेला बजाती नहीं हैं और चाँदनी न जाने क्या सुनकर, क्या गुन गुनकर ओस में धुली जा रही है।

(12 अगस्त, 1943)

मेरे मन!

मेरे मन, सुनो, यह निर्जन सुनसान अपनी साँय साँय से विशाल, मोती भरे अम्बर से क्या कह रहा है–ध्यानपूर्वक सुनो।

इस कथन का रहस्य सृष्टि की उत्पत्ति के साथ है और सृष्टि अन्त पर ही यह रहस्य अपना परिधान उतारेगा।

तुम्हारा आँचल खींचकर यह वायु कुछ कहना चाहती है, पर आसमान के मोतियों के भय से मूक रह भाग भी जाती है–

सोचता हूँ पर सोच नहीं पाता कि इस अंधकारमय रजनी में कौन से अनन्त पथ के राही के पैरों की धूल उठ रही है जो आसमान धूमिल हो गया है।

तुम कौन हो?–कैसे बताऊँ?

यह निर्जन की वायु कह तो रही है पर जैसे ही सुनने को सतर्क होता हूँ कि कहकर भाग जाती है और मैं मूर्ख सा खड़ा रह जाता हूँ।

...अब मैं भी अपने महल की वातायन बनकर चलूँ और देख आऊँ की आज गगन की छबि मोतियों में क्यों लुट रही है!

(21 अगस्त, 1943)

स्वप्नों की थाह

इन स्वप्नों की थाह नहीं मिलती है!

सुना है भोर के स्वप्न सत्य होते हैं; तो क्या आज रात को जो कहानी अधूरी रह गई है, वह कल के आने वाले स्वप्न पूरे करेगी?—परन्तु वह जीवन में कभी नहीं हुआ है।

मैं इस विश्व में टूटी हुई तारिका के समान आई थी जिसे न अपने छूटे हुए नभ की ही याद है और न जिसके आने वाले स्वप्न ही सत्य हुए हैं। परदेश में तो राजा-रानी भी दुखी रहते हैं। मैं अपना घर छोड़कर क्या सुखी रहती?—मैं शून्य में बुझ रही हूँ!

तो...स्वप्न, जा रहे हो? जावो...किन्तु जाने से पहिले वचन दो कि आज की कहानी कल पूरी करोगे? करोगे न?...?

देखती हूँ कि मेरी सजल आँखों के सामने मेरे स्वप्न भोर की सुनहली धूप में चमक रहे हैं। जैसे उनका और मेरा मोह-बन्धन अब टूटने का नहीं। विदा तो ले रहे हैं परन्तु पीछे मुड़कर भी देख रहे हैं। दिन भर तुम्हारी याद कर स्वप्न कहानी को दुहराती रहूँगी और जब रात अपने काले-काले बादलों में मेरे शशि प्रिया का मुख ढँक लेगी तो मेरी अपलक आँखों में स्वप्न उतर आएँगे!

उनकी थाह फिर न मिलेगी : और मैं डूबने और उतारने लगूँगी—

(4 सितम्बर, 1943)

नव सृष्टि

प्रणय-भोर की सुनहली किरणों की छाया में तुम बोले थे, "केवल दो प्राणी ही मिलकर इस जीवन के महान सागर को पार करेंगे; केवल दो आत्माएँ ही यह कहानी जान सकेंगी—और हमारी यात्रा एक अज्ञात देश की यात्रा होगी!"

जीवन-सागर में मनोविकारों की पर्वताकार लहरें उठ रही हैं; मेरा हास्य न जाने क्यों अश्रु बूँद सा धुला जा रहा है।

उस अज्ञात-तट के स्वप्न मेरे मन से भी सरल, वायु से भी मुक्त हैं। वे वन की पत्तियों के समान नाच नाचकर ताली बजा रहे हैं!

क्या प्रणय भोर की किरणें अभी प्रखर नहीं हुई हैं? अथवा प्रणय भोर बिना मध्याह्न अपनाए ही सन्ध्या बन गया है?

जीवन-सागर के किनारे रात उतर आई है एक विशाल पक्षी के समान—समुद्री चिड़िया नीड़ को लौट आई; मांझी ने नाव बाँध दी—

नाविक वधू का सुहाग भी सुरक्षित लौट आया।

जब तुम्हारे बोल सत्य होंगे तब कौन जाने नव सृष्टि होगी...या...?

(6 सितम्बर, 1943)

(आलोक सम्मेलनांक : 24 दिसम्बर, 1945)

दिगन्त कल्पना

मैंने अपनी दिगन्त व्यापिनी कल्पना के सहारे सारी सृष्टि चूम ली है। इन चुम्बनों के स्वर मेरे मन की बंशी में भर गये हैं जिन्हें कि तुम प्रतिपल चूम रहे हो मुखरित कर रहे हो। मेरे अन्तर के स्तर-स्तर में जग के सुख-दुख की सतह जम गई है–

मैं नीलगगन का पुजारी हूँ क्योंकि हर निशा को यह मेरी बात बड़े ध्यान से सुनता है...मैं इस सागर को प्यार करता हूँ क्योंकि अब यह युग-युग की अग्नि दबाकर करवट बदलता है तो मुझे सुख मिलता है!...मैं क्षितिजा पर सोयी जागती चाँदनी सदा देखना चाहता हूँ क्योंकि मैं स्वयं किसी की घनश्याम क्षितिजा में खो गया हूँ।

पुराने आम के पेड़ पर जैसे भादों के अँधियारे बादल छा जाते हैं, ठीक उसी प्रकार तुम जीवन में आकर छा गये हो। तुम्हारे बादल बरसना नहीं चाहते किन्तु मेरी दिगन्त व्यापिनी कल्पना जब तुम्हारे मन की होने दे न?

यदि इस विश्व में जीवित रहना भी एक मृत्यु हो तो मैं मृत्यु से घृणा करके तुम्हारे प्यार का सुनहला मुकुट पहिनूँगा! तुम मेरी बंशी में प्राण फूँकना और स्वयं ही विस्मृति राधे-सी मेरे हृदय रूपी यमुना-तट पर दौड़ी आना–

मेरे अन्तर में एक सतह और जम जायगी।

(17 सितम्बर, 1943)

मैं इतना प्रसन्न हूँ

आज मैं इतना प्रसन्न हूँ कि यदि सारे विश्व का दुख मेरे स्वरों में भर जाए तो विश्व का दुख सुख बन जाए—मेरे रग-रग में उषा की मदमाती पुतलियों-सा नशा छा गया है!

मेरा हर्ष इस दिगन्त तक फैले हुए मरुस्थल की प्यास बुझा देगा—आदिकाल से खड़े जंगल के वृक्षों की सूनी बाँहें भर देगा : मेरे हृदय क्षितिज पर यदि मृत्यु की साँझ डूबेगी तो जीवन की चाँदनी हँस उठेगी—

आज तुम यह शृंगार न करो देखो कवि के प्राण हिले जाते हैं और कवि के प्राणों के साथ सारा विश्व बेहोश हो रहा है—तुम्हारा शृंगार देखकर पलाश वन लाल हो गया है : आसमान ने तारों की थाली सजाकर आरती उतारना बन्द कर दिया—सागर की छाती चीरते हुए जलयान डगमग हो रहा है :

परियों का दल घूम-घूम कर स्थिर हो रहा है...मेरे हर्ष और तुम्हारे हर्ष में अन्तर है...!

मैं हर्षित होकर अग जग घूम आता हूँ : तुम हर्षित होकर स्वयं ही को भूल जाते हो।

मेरा हर्ष विश्व का हर्ष है : तुम्हारा हर्ष तो मेरा हर्ष नहीं!

(23 सितम्बर, 1943)

मेरे और तुम्हारे गीत

दूर, दूर अति दूर जहाँ पृथ्वी और आसमान गले मिलते हैं, वहीं प्रतिदिन मेरे गीत तुमसे मिलकर विलग हो जाते हैं; आधे गीत पृथ्वी की ओर आकर मेरे पास आते हैं और आधे गीत स्वर्ग की ओर जाकर तुम्हारे पास विश्रान्ति पाते हैं।

मेरे गीत मेरे पास आकर सोते नहीं हैं। नैश जागरण उन्हें प्यारा है और सकल रात्रि मेरी नींद भरी मदमाती पुतलियों में स्वप्न ढालते हैं।

तुम्हारे गीत तुम्हारे पास जाकर सो जाते हैं; तुम्हारे चरणों में वे कौन सी श्री पाते हैं? मेरे पास लौटकर वे मुझसे बातें भी नहीं करना चाहते हैं; मुझे ज्ञात है वे कहना तो बहुत कुछ चाहते हैं परन्तु लाज-वश कहते कुछ नहीं हैं, लजीले जो ठहरे!

इसीलिए जब मेरे गीतों की नींद की मारी पुतलियाँ सूज सूजकर साँझ की लाली बन बैठती हैं, तो तुम्हारे गीत चाँदनी बनकर उन्हें रूप की माधुरी पिलाकर मन्त्र मुग्ध कर देते हैं!

फिर भी मैं भी इतना समझता हूँ कि क्षितिज पर यदि मेरे गीत सोने का मुकुट पहिनते हैं, तुम्हारे गीत चाँदी का, यदि मेरे गीत ओस बनकर रोते हैं तो तुम्हारे गीत भोरकालीन किरणें बनकर आँसू पोंछ लेते हैं!

मेरे और तुम्हारे गीतों में मेल है, यही क्या कम है?

(28 सितम्बर, 1943)
(प्रकाशित 'माहेश्वरी' दिसम्बर, 1943)

सावन की साँझ

सावन की साँझ।

पूर्व दिशा से बादल उठे, उमड़े, गड़गड़ाये और आसमान का रंग बदलकर छा गये। लताएँ झूमीं, पत्तियों ने तालियाँ बजायीं और रिमझिम बूँदों से स्नान करने वाले सारे वन विजन में उल्लास बरसा, यौवन उमड़ा।

कुंज की अलस छाया में सोने वाला मोर जागा, सावन के बादल देख उसके भाव जागे और वन का सुख सुहाग देख उसके नृत्य ने उसके पैरों में यौवन ढाल दिया। वह नाच उठा। वह नाचा, पंख फैलाकर नाचा, उसके पंखों ने फैल दूर तक फैले श्याम बादलों को बुलाया, आसमान रूप-बालाओं को निमंत्रित कर, चारों लोक के सुख वैभव को ललकार दिया...अपनी अपूर्व शोभा एवं अनुपम रूप पर मोह गया—और न जाने कौन भावों की लाज से दबकर उसकी आँखें झुक आईं।

××× नाच रुक गया अपने पैरों की कुरूपता पर।

× × ×

मेरे सुख के दिन अपने दुख के पैरों पर खड़े थे : अब वे थम गये हैं—कौन जाने कब नाचेंगे?

(23 फरवरी, 1944)
(आवाज : 20 मई, 1945)

सपनों के श्यामल पथ में

मेरे सपनों के श्यामल पथ में तुम्हारे रूप के फूल-बेलों ने छाया बनायी है। अंगूर की बेल के समान तुम छा गये हो। मैं सागर तट खड़ी हूँ; चाँदनी से नाराज और धूप से प्रसन्न रहने वाली लहरों के पार, हास्य में छिप जाने वाले दुख दिन के उस ओर और सुदूर पर्वत पर झुक आने वाले नीलाधर पर मेरी आशा सोकर स्वप्न कुमारी की रुनझुन सुन रही है।

घर की देहरी पर मैंने तुम्हारे स्वप्नों की ज्योति समेट कर चौमुखी दिया जलाया है—कपोलों पर लाज छा गई है, गरम आँसू टपक मेरे अधरों की प्यास बुझा रहे हैं और मेरे नयनों के द्वार तक तुम आकर लौट गये हो क्योंकि तुम्हारे पदचिह्न मेरी आँखों में एक निस्सीम पथ बना गये हैं जो कि दूर क्षितिज तक सागर, मरुथल, नगर, गाँव, करील और गुलाब को छूकर निस्सीम अदृश्य में खो गये हैं। मैं दृष्टि-पथ में तुम्हारी निस्सीमता समेटे हूँ। जीवन के सुनसान मरुथल में ध्रुव तारा झलक रहा है किन्तु तुम तो सपनों की डगर में कुंजों की माया-से छा गये हो।

(4 मार्च, 1944)

प्यार की परिभाषा

स्वप्नों से समाने वाले प्यार को प्यार की परिभाषा समझ में नहीं आती है!

दुख की मकड़ी ने अनेक जाले बुन डाले : जन्म से ही दुर्भाग्य की निस्सीम जाली बुन रहा हूँ—ज्यों-ज्यों नवीन फंदा डालता हूँ स्वयं उलझकर दुखपूर्ण कहानी का अद्‍भुत पृष्ठ मुझे खोलना पड़ता है।

भादों के बादल मेरे आँसुओं का साथ दे न सके : ज्येष्ठ के गर्म तूफान मेरे भावों के तूफान के सामने घुटने टेक कर रह गये; हिम शिखर पर सूर्य-चाँद की खेलने वाली किरण-रश्मियाँ मेरी कल्पना के सामने फीकी उतरीं।

दिगन्त तक फैला हुआ सुनसान मरुस्थल भी मेरी व्यथा न समेट सका।

मैं सीमित हूँ किन्तु मेरी सीमा में निस्सीमता व्याप गई है जिसे स्वप्नों की नगरी में शीतकालीन कुहरे के समान छाने वाले न समझ पाये!

किसी दूरस्थ देश—सातों सागर पारकर—फूलों के देश में माधुरी के नयनों के क्षार में समाकर मेरे स्वप्न प्यार की परिभाषा सीखने गये हैं!

(4 मार्च, 1944)

तुम्हें क्या अपना बनाऊँ!

तुम्हें क्या अपना बनाऊँ!

मैं तो स्वयं प्रवासी हूँ, जीवन की राह में थककर इस देश की धूप-छाँह में ठहर गया हूँ; घर दूसरे का है, तुमको क्या अतिथि ठहराऊँ?

मैं इस बन्धन से मुक्ति पा रहा हूँ : अस्थिर पर आसक्त हो गया हूँ; यदि सत्य चाहते हो तो कहूँगा कि रागमय देव को रूठा ही समझकर मधु यौवन में विरागी बना हूँ—तुम चिरशाश्वत अजर अमर हो, तुमसे क्या यह यात्री स्नेह बढ़ाये? समय की पलकों को चूमने वाले सपनों का नाम जीवन है—सृष्टि के तूफानी क्षणों का नाम यौवन है—फिर यह चंचल माया आदि और अनन्त के समीप आकर क्या करेगी? प्रलय-सर्ग के साँझ सबेरे तुमने देखे हैं : मैं प्रलय की लहरों में झूल रहा हूँ। तुम मेरी कहानी के आदि इति हो। कहानी की एक घटना कहानीकार को क्या-क्या कहे क्या-क्या न कहे?

देव, जो रग-रग में समाकर भी दूर भागना चाहता है, उससे अपने आँसू पोंछवाने से क्या लाभ? तुमसे दूर रहूँगा; क्योंकि यह दूरी मेरे प्यार का मापदंड है। दूर रहकर ही मैं तुम्हें समझने का प्रयास करूँगा!

(4 मार्च, 1944)

अभेद

तुम मेरे हो...मैं तुम्हारी हूँ!

नयनों का सावन, अन्तर के ज्वालामुखी और अधरों के अमर विश्वास का कथन है कि तुम मेरे हो...और नीड़ाकुल विहगों...करील के कुटिल निकुंजों में उमड़ घुमड़कर घिर आने वाले बादलों...सागर तट पर प्रत्येक सांध्य-प्रदीपों पर झुलसने वाले तृषादग्ध वैभव...का कथन है कि मैं तुम्हारी हूँ...!!

किन्तु वह...वह किसके जीवनाकाश से तारा टूटा? किसके अंचल का प्रदीप बुझ गया? फिर से स्वप्निल बाला का स्वप्न रूठ गया?

तुम मेरे हो...किन्तु मैं...!!!

मैं अपने यौवन से हार गई हूँ, मधुचक्र पिपासित हृदय कितने युगों तक रूपराशि की अर्चन वेला में आरती उतारेगा? मेरा ज्ञान जैसे-जैसे फूलता फल रहा है ठीक वैसे-वैसे ही अज्ञानता का क्षितिज दूर हो रहा है–

मधु माधव के दिन फिर आए हैं, वन्य कन्याओं का हास विलास स्वप्न सरोवर में खिल उठा। आम की सूनी डालियाँ मंजरियों के भारवश धरती तक झुक आईं...मैं भी विश्व का स्वागत करने के लिए जानबूझ कर चिरमदिर बनती किन्तु मेरी कोकिल मौन है...क्योंकि तुम मेरे हो...मैं तुम्हारी नहीं हूँ।

तुम मेरी वंशी में अपना स्वर फूँक जाते तो तुम्हारी बन जाती...।

(4 फरवरी, 1944)

मेरा जीवन

मेरा जीवन तुहिन बिन्दु के समान है!

जीवन की रात्रि रूप-कमल पर आ बसी है, ढुलकेगी मृत्यु सबेरा पाकर!

भवसागर से ऊपर उठ रूप का कमल खिला, उसने चाँदनी की ओर निहारा, चाँदनी मारे लाज के धुल गई, नभ की आँखों से चू पड़ी, कमल पर आ विराजी, मुझे जीवन मिला।

रूप-कमल पर मैंने सुना कि इसके अनेक पुजारी हृदय में बन्द हो गुनगुना रहे हैं, अथाह जल राशि, निस्तब्धता, मलयज ने कमल को मनाया, वह न माना, जल की लहरों ने उसे क्रीड़ातुर होने को कहा, वह न डिगा; चाँदनी की किरणों से उसने स्नान किया—मैं ओस बना सब देखता रहा, कुछ सुनता रहा, कुछ गुनता रहा, जो कुछ पाया उससे दूना खोता रहा।

रात्रि बीती, भोर हुआ, किरणें आईं मेरा बसेरा समाप्त हुआ और कहानी का अन्त हुआ!

(18 मार्च, 1944)

जीवन की साँझ

मेरे जीवन की साँझ फूली है : आँखों में लाल डोरे, ओंठ सूखे हैं, गालों पर झुर्रियाँ दीख रही हैं और मुझसे बिना लकड़ी का सहारा लिये चला नहीं जाता—

मैं जीवन के अन्तिम पृष्ठों में नवीन भाषा सीख रहा हूँ जिसका अर्थ, निरर्थक रहना अधिक श्रेयस्कर है।

बूढ़ा अवश्य हूँ : यात्रा का अन्त अवश्य सन्निकट है फिर शायद कोई हमजोली इस पथ पर आए और दो पल बैठकर ही डगर का रहस्य जान ले!

मैं इस प्रतीक्षा में हूँ कि विरहावस्था में प्रेम का मूल्य आँकने वाले, फिर मिलें : फिर मौन के बाँध टूटें और प्रलय की घड़ी आए।

दिन भर का थका-माँदा सूर्य उनींदी आँखें ले पश्चिम में डूब गया है...रात जैसे चेतना में जड़ता-सी समाकर आगे बढ़ रही है...मेरे सूने घर के अंधकार में चमगादड़ फड़फड़ाकर झरोखे से बाहर निकल गया है...बाँसी का जंगल झूमकर शान्त हो गया है!

यदि इस सूनी वेला में कोई राहगीर मेरे घर का जीवन द्वार बन्द कर मुक्ति द्वार खोले, मेरा हाथ पकड़कर मुझे आगे बढ़ाए और अंधकार के पथ से मुझे ज्योति लोक में ले जाए!

...मैं बूढ़ा हूँ, संसार का ज्ञान भी बूढ़ा है।

...मेरी आँखें निस्तेज हैं...मेरे गालों पर झुर्रियाँ उतरा आई हैं...सम्बल चाहता हूँ।

...तो जग में भी ओज कहाँ है? किसके गुलाबी गालों ने अपने बसन्त का पतझर नहीं देखा? कौन है जो बिना सहारे ही अन्तिम पान्थशाला तक पहुँच गया है?

आज भी मेरे स्वप्नों में बाल सुलभ चापल्य है, मेरे नयनों में मदिरा की समता की क्षमता है, और अज्ञानता में भी समुद्र-सी गम्भीरता है!

इसलिए मुझे हमजोली की आवश्यकता है जो मेरा जीवन पर्यन्त साथ दे!

(25 मार्च, 1944)

अन्तर के हलाहल

इस अन्तर के हलाहल को कौन सँभाले? दूर-दूर तक फैलाने वाले हृदय की निस्सीमता को देह में कौन रोककर रखे?

द्वार पर बन्धनवार सजाया है : मैंने चौमुखी दीप जलाया है : फूलों को पथ पर बिखरा दिया है और विरह अमा को समझा दिया है कि क्षितिज पर प्रथम किरण की गोट चढ़ते ही तुमको डूब जाना—कहीं ओस कणों से मेरे मेहमान की मेहँदी न छूट जाय!

दूरागत अतिथि! तुम्हारी बंशी आज मेरे ही स्वरों में बोल रही है! मैं भी यदि स्वर बनती तो तुम्हारे अधरों पर नाचती...सोचती हूँ उड़ जाऊँ पर उड़ नहीं पाती हूँ!

मैं उत्सुकता की मदिरा पीकर भूल गई हूँ कि इसी जीवन के प्याले में मूर्च्छना भरी है! अर्द्ध-निद्रित पलकें भीगी हैं : मेरा काजल छूटकर बहा है, फिर न जाने क्या समझकर ठिठककर रह गया है और सिन्दूरी गालों पर तिल रूप में रुका है—यह तिल मेरे मिलन की निशानी है! इस निशानी को किस तरह छिपाएँ?

हृदय के तूफान में सुख-दुख के तिनकों का नीड़ भयभीत हो गया है और वैभव के प्रहर आज अवसान की घड़ियाँ गिन रहे हैं!

मेरी संज्ञा के नेपथ्य के उस पार से आने वाले निमन्त्रण, निर्जीवता का आवरण हटाओ तो मैं तुम्हारे उत्सव में सम्मिलित हो जाऊँ!

किन्तु देह के द्वार तो बाहर से लगे हैं : कोई आकर बाहर ही से लौह बन्धन मुक्त करे तो बाहर आकर खुला वातावरण निहारूँ पर इस द्वार को मैं कैसे खोलूँ?

(2 अप्रैल, 1944)

गद्य काव्य

सोचता हूँ कि एक गद्य काव्य लिखूँ!

कल्पना परिधि के बाहर मेरा उपहास कर रही, लेखनी थकी-सी है, जीवन का रस सूख गया है और सोचता हूँ कि जो कुछ शेष है, मथ निकालूँ और गद्य काव्य लिखूँ! मुझे भ्रम है कि मैं अपने प्राणों में हूँ या विश्व मेरे प्राणों में है, मेरे विश्वास की किरण विस्मृति-क्षितिज के उठते तम में डूब गई है और मैं सोचता हूँ कि अमा में जुगुनुओं की भाषा में गद्य काव्य लिखूँ!

(27 जून, 1944)

मुझे अचेतन ही रहने दो!

मुझे अचेतन ही रहने दो!

पाषाण में प्राण-प्रतिष्ठा न करो और जड़ प्रतिमा को जड़ ही रहने दो!

यह मेरे संस्कार हैं जो मैं पतझर के कंकालों में रोता आया हूँ किन्तु मेरा अधिकार है मधुमाया पर : मुझमें शक्ति है कि मैं करील काँटों में भी फूलों की सुरभि पाता हूँ, इसलिए मुझे काँटों ही से अपनी गाथा कहने दो!

सुधि के भँवर में फँसकर मेरे देह की नैया डगमगा रही है : मेरी ज्ञानेन्द्रियाँ भय खाती हैं पर मुझे डरने की कोई आवश्यकता नहीं क्योंकि मेरे लिए हर भँवर ही तट है और प्रत्येक लहरें मुझे अपने मृत्यु देश तक ले जावेंगी इसलिए मुझे निराधार बहने दो!

वियोग के तम में दो दीपक जल रहे हैं; एक रूप का, दूसरा प्यार का।

रूप और प्यार ने न जाने क्या समझ रखा है अपने आपको! जानते नहीं कि मेरे मिटने के बाद मेरी राख में वह शक्ति, प्रतिभा एवं ओज रहेगा जो किसी भी मरघट को मधुशाला बना देगा मेरी ठोकर पर विश्व है इसलिए मुझे किसी के सम्बल का हाथ न गहने दो।

(12 जुलाई, 1944)

खिलौना!

स्वर्ग की बात है कि एक प्रभु के पास मैं मचलकर कहने लगा, 'मृत्युलोक में मेला भरा है मैं देखने जाऊँगा!' प्रभु जी मान गए।

मैं मेला देखने आया। पहिले कौतुक फिर जिज्ञासा, फिर प्रश्न, तदनन्तर लोभ उमड़ा कि कुछ खिलौने लूँ। रूप, वैभव, धन, विद्या के एक-एक कर सब खिलौने खरीदे और इन्हीं में खेलते-खेलते भूल गया कि घर भी जाना है और साँझ घिरी आ रही है।

मेरे खिलौनों में से कुछेक फूट गये, कुछेक का रंग छूट गया, कुछेक खो गये और खेलने वाला अब खिलौनों की याद के हाथों में खेलने वाला हो गया स्वयं एक खिलौना। भूरे बाल, झुर्री से भरी गड्ढेदार आँखें, पिचके गाल, झुकी कमर, शक्तिहीन इन्द्रियाँ अब फिर मचलने लगीं कि अपने घर चलो; 'अब हमारे दिन बीते हैं और देखो कहीं जाते-जाते दिन और न बीत जावें!'

मृत्यु बोली तुम्हारे देव ने बुलाया है। मैं बोला, अर्थी का रथ तैयार करो; मैं चलूँगा! 'अब मेरा मन खिलौनों के लिए नहीं मचलता है क्योंकि मेरे पास कभी न मिटने बिगड़ने वाला खिलौना है!'

(26 जुलाई, 1944)

अनमने मन से मत बोलो

अब तो अन्तर में मत डोलो।

मेरे मधु से सिंचे उर कुण्डल में तम ही तम घिरने दो और सरसिज की शतदल-सी आँखें मिलन आश्वासन की किरणों से मत खोलो!

जब घने सम्बन्ध तोड़ चुके, बीतकर, कभी हाथ न आने वाले समय-से निकल चुके हो, कलकल कह बह जाने वाली लहर के समान मेरे अनुभूति तट को छूकर किसी अज्ञात सागर में मिलकर अपना रंग रूप बदल चुके हो तो सूनेपन को रिक्त उपहासों के घर में कुछ भूले-भूले से अपनापन मत टटोलो!

मैं दौड़ रहा हूँ, जग घेर रहा है जैसे अकेले चन्द्र को पावस के काले घन; मेरी प्रतिभा की राका जग के बादलों से ढँककर भी फटी पड़ती है। तुम मेरे हृदय से निकलकर वन फूलों के मधु चक्रों में छिटक जाओ पर अनमने मन से अनबूझे से बोलों में मत बोलो!

(12 सितम्बर, 1944)

युग चरण

मैं युग चरण छू नहीं पाया।

मन्दिर द्वार खुले; देव ने चरण बढ़ाए। पर मैंने सोचा कि पहिले अपने दुर्भाग्य की रेखा मिटाऊँ; माथ टेक दिया देहरी पर और चरण स्पर्श करना भूल गया!

पलकों का रूमाल ढाँककर तुम सपनों की थाली में नित्य ही कुछ बायना (उपहार रूप) भेज देते हो।

पलकें खुलते ही सोचता हूँ कि चरण स्पर्श करूँ किन्तु तुम नींद में तो पास हो, जागरण में दूर--मेरी साधनाएँ नमक के समान घुल आँसुओं को खारा बनाती हैं; सुधि स्नेह पारावार में कामनाएँ धुलकर स्वच्छ हो जाती हैं, पर मेरी साधना के तीर्थ! तुम्हें मरुथल से हृदय में कौन से आसन बिठाकर पद पखारूँ?

अनगिन बार जी में ज्वार आया है कि पद पखारूँ पर तुम्हारे पावन पद देख हर्ष की हिलोर उठती है–ओंठ हँस देते हैं और अश्रु सूख जाते हैं–जल की थाली तुम्हारे पद तक लाना भूल जाता हूँ और मैं अपने कलंक टटोलता रह जाता हूँ!

उत्सव

समय कम है, उत्सव बड़ा—; काम करने वाला अकेला हूँ।
जीवन के घर यौवन आया है; हर्ष अपनी शहनाई बजा रहा है;
स्नेह के ज्ञानी सोचते हैं कि मैं सबको आदर सत्कार दे सकूँगा!
पर यौवन के बसन्त का कहना है कि मैं आ रहा हूँ तुम कलिका का शृंगार करो—
मैं कहता हूँ कि तुम्हीं जानो कलि का शृंगार—मैं तो दर्शन भर करूँगा—
समय का अभाव है, अकेला हूँ और साधनाओं की भीड़ लगी है!
आज तक कल्पना ठौर-ठौर घूमती रही, जंगल देखे, बादल तारे चूमे,
उड़नखटोले की परियों के सपने निहारे,
अब स्नेह की अंजलि एक ही परिचित व्यक्ति पर उँड़ेलूँगा।
उत्सव सम्हलता नहीं है और समयाभाव है—
क्या करूँ? क्या तुम्हें भी उत्सव का कामकाज सम्हालने बुला लूँ?
पर तुम्हारे कारण ही तो उत्सव हो रहा है; तुम तो उत्सव उपरान्त आवोगे न?

(22 मई, 1945)

कल्पना करो न प्राण!

जब धरती के प्राणों में परिमल पूरित ऋतु राज विहार करता, तुम स्वप्न-रंजित निशा बिता अर्द्ध उन्मीलित नयन खोलतीं...और मैं पतली-सी टहनी पर एक नन्हा फूल बनकर थिरक उठता—क्या तुम पहिचान पातीं कि फूल की लाली में किसके प्राणों की लाली है?

जब पर्व के दिन तुम किसी पावन सरिता के तट पर खड़ी हो जल-प्रवेश करने में भयाकुल होतीं...मैं हल्की-सी लहर बनकर तुम्हारी उषा से होड़ लेने वाली एड़ी के पास घूम जाता—

अन्धकार के रथ पर रात आती सपनों की तन्द्रालय मादकता के साथ। तुम दीप की बाती सँजोतीं...और मैं झिलमिल पंखों के सहारे रूप की राशि मनमोहक ज्योति शिखा पर न्यौछावर हो जाता—क्या तुम पहिचान पातीं कि ज्वाला से प्यार करना भी मुझे आ गया है? और पावस की सघन कालिमा में मैं जुगनू बन बैठता तुम्हारे ही महल की अटारी पर। अन्धकार में मेरा प्रकाश देख तुम मुझे पकड़ने दौड़तीं। मैं दूसरे ही क्षण अपनी ज्योति अंधकार में छिपा लेता।

कल्पना करो, क्या तुम मुझे पहचान लेतीं?

कल्पना करो न प्राण।

(आलोक : 23 जून, 1947)

विदा वेला

प्रीति का पीताम्बर अब काँटों में उलझ गया है। मिलन की वीणा पर वेदना के गान ध्वनित हो उठे हैं!

अपने मधुवन में स्वर्ग के स्वप्न देखने वाले मेरे मन! तुम्हारे नीड़ में भाव के बाल विहंगम न उतरेंगे।

यह विदा वेला है—पलकें भीगी, कुन्तल राशि अस्त व्यस्त, निशिगंधा का फूल अपनी अन्तिम सुगन्ध देकर मुरझाना चाहता है।

रे मधुमय वियोग! विपथगामिनी सलिला के समान तुम्हारे प्रश्न कठिन हैं—तुम्हारे 'कल' 'कल' शब्द विश्व की आँखों का काजल न धो दें!

री विरह वेला! मैं तुम्हें अनेकों हृदय से प्यार करता हूँ क्योंकि तुम्हारे दर्पण में मिलन का प्रतिबिम्ब है—और संयोग?

उसके बाद? मुस्काने वाली आँखें कहाँ?

नाव ने सागर का तट छोड़ दिया है। पाल तन गया है। मल्लाहों के गीत आकाश तक गूँज उठे हैं और मैंने विदा के स्वप्नों में अपने हृदय का आलोक फैला दिया है—जीवन के मीत! तुम्हें गीत सुनाने के लिए मैंने अपने कोकिल कण्ठ को विरह विदग्धा—बुझे अंगारों के समान देह में ढाँक लिया है, सागर की अनन्त लहरों में मेरे स्वर फैले हैं, गगन के दिगन्त व्यापी तारों में मेरी स्नेह रश्मियाँ झलक रही हैं—

इस विदा वेला में मेरे गीत आँसुओं की माला गूँथ रहे हैं।

स्वप्न और मानव

तुम हो स्वप्न और मैं मानव!

मैं परिस्थितियों के झूले में झूलने वाला प्राणी और तुम मुक्त स्वप्न...मेरी और तुम्हारी समता क्या? तुम्हारी माया की छलना विश्व के प्रत्येक पलक पर व्याप रही है; तुम्हारी चेतनता की हरेक नींद की सघन अचेतनता है। तुम्हारा हास भी झूठ और क्रोध भी सारहीन!

और मेरी छलना विश्व में नहीं ठहर सकती। मेरी चेतनता ही मेरा विनाश है। मेरा हास्य और क्रोध दोनों दुख-सुख की शैया पर शयन कर रहे हैं!

तुम आषाढ़ के अनगने घर के समान सुन्दर!
और मैं?
आषाढ़ ही के दिवस-चाँद-सा दुर्भाग्य-सूचक!
फिर से ध्रुव कैसे मिलें!
तुम जीते हो, मैं तुम्हारी हार हूँ।

(आगामी कल, खण्डवा, सितम्बर 1946)

मन के पंछी

मन के पंछी! इतनी शीघ्र उड़ चले उर–तरुवर से?

ठहरो, मानो भी, कहाँ जाने का विचार है? कहाँ तक पंख पसारोगे ममता की आँधी में? यह तो आँधी है, आँधी! इसका क्या?

बहना ही इसका काम है, और तुम्हारा? नीड़ में रुकना, बच्चों को दूरदेश की कहानी सुनाना–मेरे मन के पंछी, सुनो तो–तुम्हीं बताओ तुम्हारे नन्हे पंखों की शक्ति इस आँधी में कब तक अपना अस्तित्व थामे रहेगी? किस देश की परियाँ तुम्हारे स्वागत को इच्छुक हैं? कौन से स्वर्ण लोक की राजकुमारी अपने महल का वातायान खोलकर तुम्हारे गीत सुनने को अधीर है? कौनसी देवबाला की आँखों में तुम छवि का सिन्धु उँड़ेल दोगे?

...यह पागलपन की मधुर-मदिरा तुम्हारे पंथ में रोड़े अटकायेगी; आशाएँ और आकांक्षायें असमय ही तुम्हारे पंख दुर्बल बना देंगी; जीर्ण, जर्जर और ठिठुरे पंखों की फड़फड़ाहट से कौन से काव्य का निर्माण होगा?

तुम्हारे समान अनेक पंछी उड़ चुके हैं–सुषमा गान गा चुके हैं–स्नेह-संचित कर उसे लुटा भी चुके हैं! सुनते भी हो मन के पंछी? मान जावो–शून्याकाश में पंखों की तूलिका से एक भी चित्र न बना सकोगे! गगन के चुपचाप चुम्बन एक भी पहेली न सुलझा सकोगे!!

...इसीलिए थोड़ा विश्राम कर लो मन के पंछी!–शायद ममता की आँधी तुम्हारे नीड़ को ही न खा बैठे!!!

(प्रजापुकार : 15 दिसम्बर, 1944)

किसी की प्रतीक्षा में

देव, सावन आता है और आते हैं नभ की अपलक आँखों में काजल से बादल! उनकी कनक रेखाओं में चंचला अपने सोने का घर बनाती है और मैं अनुमान करती हूँ कि शायद श्याम श्मामल घन ही बनकर बरसेंगे।

मन के मीत, ग्रीष्म के चिलचिलाते हुए धू धू करते दिन तृषित पपीहा किस की प्रतीक्षा में काटता है? अपनी 'मरमर' श्वासों से क्षुब्ध बाँसों का वन किसके गुन गाता है? क्या आनन्द विभोर होंगी वे? तपस्या सफल होती है, साधना साकार होती है और एक न एक दिन अमर त्योहार आता है जब दोनों की पिपासा शान्त करने के लिए घन पानी पानी हो जाते हैं!

क्या इसलिए, नियति-पथ पर प्रतीक्षा-पलकें बिछानी पड़ती हैं? क्या प्रलय के दिन दर्शन सुलभ होंगे? ना, ऐसा न करना देव-ओह रे मन! तब स्वर्ग की राजकुमारी पृथ्वी के चरण चूम जाएगी; चारों लोक का आनन्द हम दोनों में समा जाएगा...

उस दिन प्रिय पथ में सिसकती हुई मन्द समीर की श्वास हिलोरों से युग युग से जलने वाली मरघट सी ज्वाला से, उत्ताल उदधिवेला में अदृश्य सुन्दर प्रिय से लिपटने वाली सौर निराशा के पाषाण पट से टकराकर अपने ही में विलीन होने वाली पगली लहरियों से पूछियेगा!

चिरन्तन!

जब सब मिलकर एक हो जायेंगी तो कौन किससे मिलेगा?

क्या फिर भी किसी की प्रतीक्षा में पलकें खुलकर फटी रहेंगी?

रणी

(1)

प्रत्येक भोर के साथ उनका प्यार और भी कोमल बना और प्रत्यक साँझ के साथ गहरा बना। घर, खेत और बाग कहीं भी उसका मन विचलित नहीं हुआ किन्तु उसकी आँखों में सदा वह रूप बनकर घूमता और उसकी विरामहीन वाणी, उसे पेड़ों की ध्वनि, झाड़ियों में छिपे हुए झरने से भी अधिक सुखदायी थी। उसकी वीणा के तार उसके नाम की प्रतिध्वनि करते और वह हर्ष में बह जाता बैठा बैठा सोच रहा था, वह पगला जीवन से हारा अपने भावों की लहरों में खोज रहा था कूल किनारा आज सामने सांध्य गगन में, यौवन की चंचल आँखों सा निकल रहा था, ऊब ऊबकर एकाकी धुँधला सा तारा?

(2)

वह पूर्णतया जानती है कि नेह भवन के द्वार खुलने के समय कितने सुन्दर हाथ चटकनी पर थे। और उसके भवन की ऊपर की खिड़की से वह उसका रूप भरपूर दृगों में देख सकता था, बाज से भी अधिक। और वह लगातार उसी सांध्य तारे की ओर टकटकी लगाए देखती रही—उसके ओर पीठ किए रही। और बीमार इच्छा के साथ पूरी रात बिता दी इसी आशा में कि किसी की पग ध्वनि उसके महल की सीढ़ियों पर चढ़ती हुई सुनाई दे।

(3)

मेरा प्यार भोर के रंग में, रँग रँगकर रंगीन बना था सांध्य के झिलमिल बादल में नेह स्वप्न का भवन बना था गिरि गह्वर सरि केसर के वन, देख न अटका पल भर यह मन जपने तेरा नाम

निरन्तर क्यों मन दुख की बीन था? परदेशी की अद्भुत बातें, अद्भुत स्वप्नों की वे रातें इस मैना की कर्कश वाणी आज न सुनतीं उर आघातें-फिर भी क्यों छाया सपनों में लगती ममता सी अपनों की वह परदेशी, देश पराया क्या जानें अपनों की बातें? ज्ञान उसे है किसके हाथों नेह भवन का द्वार खुला था कौन रूप उसकी आँखों का दयाहीन उपहार बना था एक झलक में दूर देश का परदेशी त्योहार बना था यह अनगिनती तारों का नभ, यौवन का शृंगार बना था निर्निमेष नयनों में संध्या का तारा अब देख रही है निशि बीते भोर सिधारे, बाट किसी की जोह रही है फिर सुन पावे पगध्वनि रुनझुन चढ़ाती महलों की सीढ़ी पर एक एक गिन गिनकर तारे, पीठ दिए नभ देख रही है।

(4)

यह दयनीय दशा में मई के पूरे महीने की अवधि ने जून के आने तक उनके कपोलों को पीला कर दिया। 'कल मैं अपने हर्ष के चरणों पर झुक जाऊँगा : कल मैं अपने प्रिया के लिए वरदान माँगूँगा। ओह मैं दूसरी रात्रि न देखूँगी अगर तुम्हारे अधर प्यार की साँस नहीं भरते' इस प्रकार से दोनों ने अपने तकियों से कहा किन्तु शोक! वे बुरे दिन भी बीत गये। दुख भरे सपनों ने भी उनका साथ नहीं दिया।

(5)

आखिरकार मृदु के अछूते कपोलों के गुलाब मुरझा गये जैसे माँ के कपोल पीले पड़ जाते जब उसका बीमार बच्चा सुख की नींद नहीं सोता। वह कितनी बुरी है उसने कहा मैं उससे न बोलूँगा; और फिर भी मैं जरूर बोलूँगा—अपना प्यार साफ-साफ कह दूँगा! अगर दृष्टि प्यार के नियम मुखरित करती हैं मैं उसके आँसू पी लूँगा और उसकी चिन्ताएँ मिट जाएँगी।

(6)

अन्तर तरु की डाल-डाल में पतझर का कंकाल समाया अरुण कपोलों की शोभा को विरह अवधि ने शुष्क बनाया 'चरणों पर मैं झुक जाऊँगा-माँगूँगा वरदान प्रिया का आज रात बस देख

सपनों की यह छलना छाया!' नित्य प्रतिज्ञा इस प्रकार की दोनों करते, दोनों रोते दोनों के सूखे अधरों पर विगत गीत सोते दोनों की सेजें व्याकुल थीं, देख देख सोने वालों को किन्तु शोक! वे स्वप्न अधूरे आँसू बन-बन बह जाने को

कवि

अब तुम्हारे प्राण नहीं रहे, तुमसे अब भावुकता नहीं रही—!

एक बुझते तारे का अस्तित्व कितना? वह अपनी जलन की कथा आरम्भ करता है, किन्तु आरम्भ होते ही अन्त हो जाती है। हर बार यदि चिर अज्ञात अन्त में विलीन हो जाता है।

मैं कवि हो चला हूँ : मुझमें शक्ति बोलती है मैं चुप रहता हूँ और सुनाता हूँ कि वह क्या बोल रही है। शक्ति ऐसी बात कहती है कि संसार अपना जीवित अर्थ देकर भी क्रय नहीं कर सकता किन्तु मेरी प्रतिभा उसे अपनी मूर्च्छना से मोल लेती है।

मेरे गीत निस्तब्धता के प्याले में विष पीने वाले ओठों के मधु बने! तुम मुझे अपनी आँखों से पीकर तो देखो कि कितना मृदु हैं।

मेरी आँखें

जहाँ सुकुमार नींद की परियाँ नयनों में उतर उतर अपनी नन्ही
नन्ही पायलों से नाचती हैं रिन झिन रिन झिन स्वरों में।
नभ के अंचल में चाँदनी का यौवन न समाता हो; नभ गंगा के गान एक
एक स्वर में तारों के कमल खिलाते हों। वन प्रान्त की मर्मर से दूर कहीं,
मालती के कुंज में मालती और चाँदनी की बातें होती हों और मैं दूर,
बहुत दूर खड़ा, एक वट वृक्ष की छाया में खड़ा
होकर मालती और चाँदनी की बातें सुनूँ...मालती के प्रत्येक
पाटल पर चाँदनी की प्रणय कहानियाँ लिखी हों,

× × ×

अब कहाँ...क्षितिज के उस पार! उषा के देश में
जहाँ कल्पना की तितली के मन भावन गीत स्वर्णांचल
फहराते हों नभ की श्री तारों के बूँद बूँद गान में फूटती हो...
और सुरभि की नादान आँखों में शेफाली की माला आ जाती हो।

न्यारा जीवन

अब कहाँ चलना होगा? कवि, सूनी संध्या के देश
न? पुण्य, सलिला के पुनीत तट पर न?
जहाँ कृष्ण की मतवाली वंशी हम दोनों की हृदय वीणा के साथ
स्वर मिलायेगी चुपके से कृष्णा और राधा की न जाने कौन
से अवतार की मधुमय बातें हो रही हों। और मैं तन्मय
सा खड़ा खड़ा नयनों में हिंडोले डाल उस युगल छवि को झुलाया करूँ
राधा रानी, कुंजों के मेला में झुरमुट सी वेला में
आँख मिचौनी खेल रही हो और कोई ग्वाला, दूर एकान्त में थककर
किसी वट के वृक्ष के नीचे बैठा हो। प्रत्येक किशलय पर,
हरेक प्रसून पर माधव द्वारा जमुना तट पर किये गये लिखे हों विहार!

× × ×

अरे कवि! कल्पना की लोल लहरें तो हैं न तेरे पास बहा ले
चल न उसी में! और कर दे मुझे निहाल निज उस कल्पनामय
संसार को सत्य कर–अपने स्वच्छ भावों से मेरे भाग को श्वेत कर दें–
फिर वहाँ से, कहीं निर्जन तट पर, सुदूर कानन में
हमारा वृद्धाधाम बसे–एक निर्मल निर्झर पहाड़ियों की गोद से
भाग जाता हो–उसकी बूँद बूँद में राधा रानी और श्याम के दर्शन हों।
इन्हीं बूँदों से सिंचित हो एक मधुमय उद्यान हो–कुंजों की झुरमुट
में सूर्य किरण भी सकुचाती हो तथा शशि की रजत किरणें राधा रानी
को दूसरा शशि समझकर पड़ जाती हों भ्रम में–
...पर कहीं ऐसा न हो कृष्ण की राधा को पुष्प
समझकर भ्रमर मँडराने लगे और भ्रमर रूपी नयना वाली उस
मुख कमल का मधुपान कर उड़ नहीं पाती, उनसे अनबन होने लगे।

□□